世界遺産シリーズ

JN118902

世界遺産ガイド

ー危機遺産編ー
2020改訂版

【 目 次 】

■危機にさらされている世界遺産　概要

❏危機遺産　概説　6
❏最初に危機遺産に登録された世界遺産の過去と現在　7
❏危機遺産　分布図　8-9
❏危機遺産　遺産種別・地域別グラフ　10-11
❏危機遺産　登録・解除の推移　12-13
❏危機遺産　物件名と登録された理由　14-15
❏世界遺産と危機遺産の数の推移と危機遺産比率　16
❏世界遺産を取り巻く危険と脅威　17
❏危機遺産　登録基準　18
❏危機遺産　確認危険と潜在危険　19
❏保存管理状況の監視と報告　20
❏世界遺産リストからの抹消手続きと抹消事例　21
❏世界遺産登録と「顕著な普遍的価値」（OUV）の証明について　22-23
❏ユネスコ遺産の危機遺産に関する考え方　24

※危機遺産　キーワード　25

■危機遺産リストに登録されている世界遺産＜地域別＞

＜アフリカ＞　16件

●トゥンブクトゥー（マリ）　28
●アスキアの墓（マリ）　30
●ジェンネの旧市街（マリ）　32
○ニオコロ・コバ国立公園（セネガル）　34
○アイルとテネレの自然保護区（ニジェール）　36
○ニンバ山厳正自然保護区（ギニア／コートジボワール）　38
○マノヴォ・グンダ・サン・フローリス国立公園（中央アフリカ）　40
○ヴィルンガ国立公園（コンゴ民主共和国）　42
○ガランバ国立公園（コンゴ民主共和国）　44
○カフジ・ビエガ国立公園（コンゴ民主共和国）　46
○サロンガ国立公園（コンゴ民主共和国）　48
○オカピ野生動物保護区（コンゴ民主共和国）　50
●カスビのブガンダ王族の墓（ウガンダ）　52
○ツルカナ湖の国立公園群（ケニア）　54
○セルース動物保護区（タンザニア）　56
○アツィナナナの雨林群（マダガスカル）　58

＜アラブ諸国＞　21件

●キレーネの考古学遺跡（リビア）　60
●レプティス・マグナの考古学遺跡（リビア）　62
●サブラタの考古学遺跡（リビア）　64
●タドラート・アカクスの岩絵（リビア）　66
●ガダミースの旧市街（リビア）　68
●アブ・ミナ（エジプト）　70
●ザビドの歴史都市（イエメン）　72
●サナアの旧市街（イエメン）　74
●シバームの城塞都市（イエメン）　76
●エルサレムの旧市街と城壁（ヨルダン推薦物件）　78
●オリーブとワインの地パレスチナ -エルサレム南部のバティール村の文化的景観（パレスチナ）　80

○ 自然遺産　● 文化遺産

シンクタンクせとうち総合研究機構

●ヘブロン/アル・ハリールの旧市街 （パレスチナ）　*82*
●古代都市ダマスカス （シリア）　*84*
●古代都市ボスラ （シリア）　*86*
●パルミラの遺跡 （シリア）　*88*
●古代都市アレッポ （シリア）　*90*
●シュヴァリエ城とサラ・ディーン城塞 （シリア）　*92*
●シリア北部の古村群 （シリア）　*94*
●アッシュル（カルア・シルカ） （イラク）　*96*
●サーマッラーの考古学都市 （イラク）　*98*
●ハトラ （イラク）　*100*

＜アジア・太平洋＞　6件

●シャフリサーブスの歴史地区 （ウズベキスタン）　*102*
●ジャムのミナレットと考古学遺跡 （アフガニスタン）　*104*
●バーミヤン盆地の文化的景観と考古学遺跡 （アフガニスタン）　*106*
○スマトラの熱帯雨林遺産 （インドネシア）　*108*
○イースト・レンネル （ソロモン諸島）　*110*
●ナン・マドール：東ミクロネシアの祭祀センター （ミクロネシア）　*112*

＜ヨーロッパ・北米＞　4件

●リヴァプール−海商都市 （英国）　*114*
●ウィーンの歴史地区 （オーストリア）　*116*
●コソヴォの中世の記念物群 （セルビア）　*118*
○エバーグレーズ国立公園 （アメリカ合衆国）　*120*

＜ラテンアメリカ・カリブ＞　6件

○カリフォルニア湾の諸島と保護地域 （メキシコ）　*122*
○リオ・プラターノ生物圏保護区 （ホンジュラス）　*124*
●パナマのカリブ海沿岸のポルトベロ−サン・ロレンソの要塞群 （パナマ）　*126*
●コロとその港 （ヴェネズエラ）　*128*
●チャン・チャン遺跡地域 （ペルー）　*130*
●ポトシ市街 （ボリヴィア）　*132*

■世界遺産リストからの抹消事例

○アラビアン・オリックス保護区 （オマーン）　*136*
●ドレスデンのエルベ渓谷 （ドイツ）　*138*

【表紙写真】

（表）　　　（裏）

❶ キレーネの考古学遺跡 （リビア）
❷ シャフリサーブスの歴史地区 （ウズベキスタン）
❸ セルース動物保護区 （タンザニア）
❹ ヘブロン/アル・ハリールの旧市街 （パレスチナ）
❺ ツルカナ湖の国立公園群 （ケニア）
❻ パナマのカリブ海沿岸のポルトベロ−サン・ロレンソの要塞群 （パナマ）
❼ カリフォルニア湾の諸島と保護地域 （メキシコ）

危機遺産の概要

カリフォルニア湾の諸島と保護地域（メキシコ）
2005年世界遺産登録
2007年世界遺産登録マイナー境界修正
2011年世界遺産登録マイナー境界修正
2019年危機遺産登録★
リゾートやマリーナの建設がバハカリフォルニア海岸沿いの生態系にダメージを与えている。
写真提供　WWF

危機遺産の概要

危機遺産　概説

　2015年の第39回世界遺産委員会ボン会議で、ユネスコ事務局長のイリーナ・ボコヴァ氏は、「世界遺産は、今、過激派組織「イスラム国」（IS）などによる攻撃、破壊、盗難などの危機にさらされており、これらの脅威や危険から世界遺産をどのように守っていくべきなのか」と問題提起、これを受けて世界遺産委員会は、平和の大切さを再認識する「世界遺産に関するボン宣言」を採択した。

　2019年の第43回世界遺産委員会バクー(アゼルバイジャン)会議では、新たに、世界的に「顕著な普遍的価値」を有する29件が「世界遺産リスト」に登録され、世界遺産の数は、自然遺産が213件、文化遺産が869件、複合遺産が39件、合計で1121件になった。

　また、このうち深刻な危機にさらされ緊急の救済措置が必要とされている「危機にさらされている世界遺産」（World Heritage in Danger 通称 危機遺産）には、新たに1物件が「危機にさらされている世界遺産リスト（略称：危機遺産リスト）」に登録され、一方、危機的な状況を脱した2物件が解除されて、危機遺産リストに登録されている物件は、自然遺産が17件、文化遺産が36件の合計で53件（危機遺産／世界遺産＝危機遺産比率4.736%）になった。

　本書では、この「危機にさらされている世界遺産」（危機遺産）53件を特集する。危機遺産になった原因や理由としては、大地震、豪雨などの自然災害、地域紛争、密猟、無秩序な開発行為などの人為災害など多様であり、コンゴ民主共和国、アフガニスタン、シリア、パレスチナの様に、同国・同地域にある世界遺産が、戦争・紛争、難民、貧困など社会構造上の問題を背景に、全て危機遺産になっている極端なケースもある。

　危機遺産になると、毎年の世界遺産委員会で、保全管理の改善状況について当事国からの報告が求められ、保全管理の改善措置が講じられ、危機的な状況から脱した場合には危機遺産リストから解除される。一方、一向に改善の見込みがない場合には、「世界遺産リスト」そのものから抹消されることになり、当事国にとっては大変不名誉なことになる。

　人類共通の財産である世界遺産を取り巻くあらゆる脅威や危険から世界遺産を守っていく為には、常日頃からの監視活動を強化すると共に、不測の事態にも対応できる危機管理が必要である。この考え方は、世界遺産に限らず、身近な地域遺産を守っていくことにも共通する。

　2020年は、戦後（被爆）75周年、ユネスコ憲章採択75周年、改めて「平和」と「安全」な社会の大切さを再認識する節目の年でもある。世界遺産を通じて「平和」と「安全」な社会の大切さを考える「世界遺産入門ー平和と安全な社会の構築ー」を出版しているので、リマインド下さい。

2020年3月　　古田　陽久

最初に危機遺産に登録された世界遺産の過去と現在

コトルの自然・文化−歴史地域（モンテネグロ）

1979年登録 【文化遺産】
★1979年危機遺産登録
2003年危機遺産登録解除

過　去	現　在
・地震 ・管理計画 ・都市開発	・バッファー・ゾーンが設定された。 　登録面積 14,600 ha 　バッファー・ゾーン36,491 ha ・開発や景観の規制管理を盛り込んだコトル市の都市計画の策定。→ The spatial plan of the Kotor municipality (1987年／1995年)

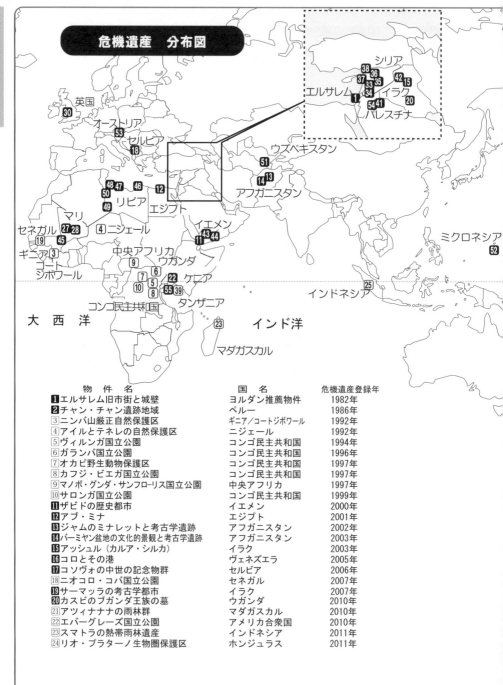

危機遺産　分布図

物　件　名	国　名	危機遺産登録年
1 エルサレム旧市街と城壁	ヨルダン推薦物件	1982年
2 チャン・チャン遺跡地域	ペルー	1986年
3 ニンバ山厳正自然保護区	ギニア/コートジボワール	1992年
4 アイルとテネレの自然保護区	ニジェール	1992年
5 ヴィルンガ国立公園	コンゴ民主共和国	1994年
6 ガランバ国立公園	コンゴ民主共和国	1996年
7 オカピ野生動物保護区	コンゴ民主共和国	1997年
8 カフジ・ビエガ国立公園	コンゴ民主共和国	1997年
9 マノボ・グンダ・サンフローリス国立公園	中央アフリカ	1997年
10 サロンガ国立公園	コンゴ民主共和国	1999年
11 ザビドの歴史都市	イエメン	2000年
12 アブ・ミナ	エジプト	2001年
13 ジャムのミナレットと考古学遺跡	アフガニスタン	2002年
14 バーミヤン盆地の文化的景観と考古学遺跡	アフガニスタン	2003年
15 アッシュル（カルア・シルカ）	イラク	2003年
16 コロとその港	ヴェネズエラ	2005年
17 コソヴォの中世の記念物群	セルビア	2006年
18 ニオコロ・コバ国立公園	セネガル	2007年
19 サーマッラの考古学都市	イラク	2007年
20 カスビのブガンダ王族の墓	ウガンダ	2010年
21 アツィナナナの雨林群	マダガスカル	2010年
22 エバーグレーズ国立公園	アメリカ合衆国	2010年
23 スマトラの熱帯雨林遺産	インドネシア	2011年
24 リオ・プラターノ生物圏保護区	ホンジュラス	2011年

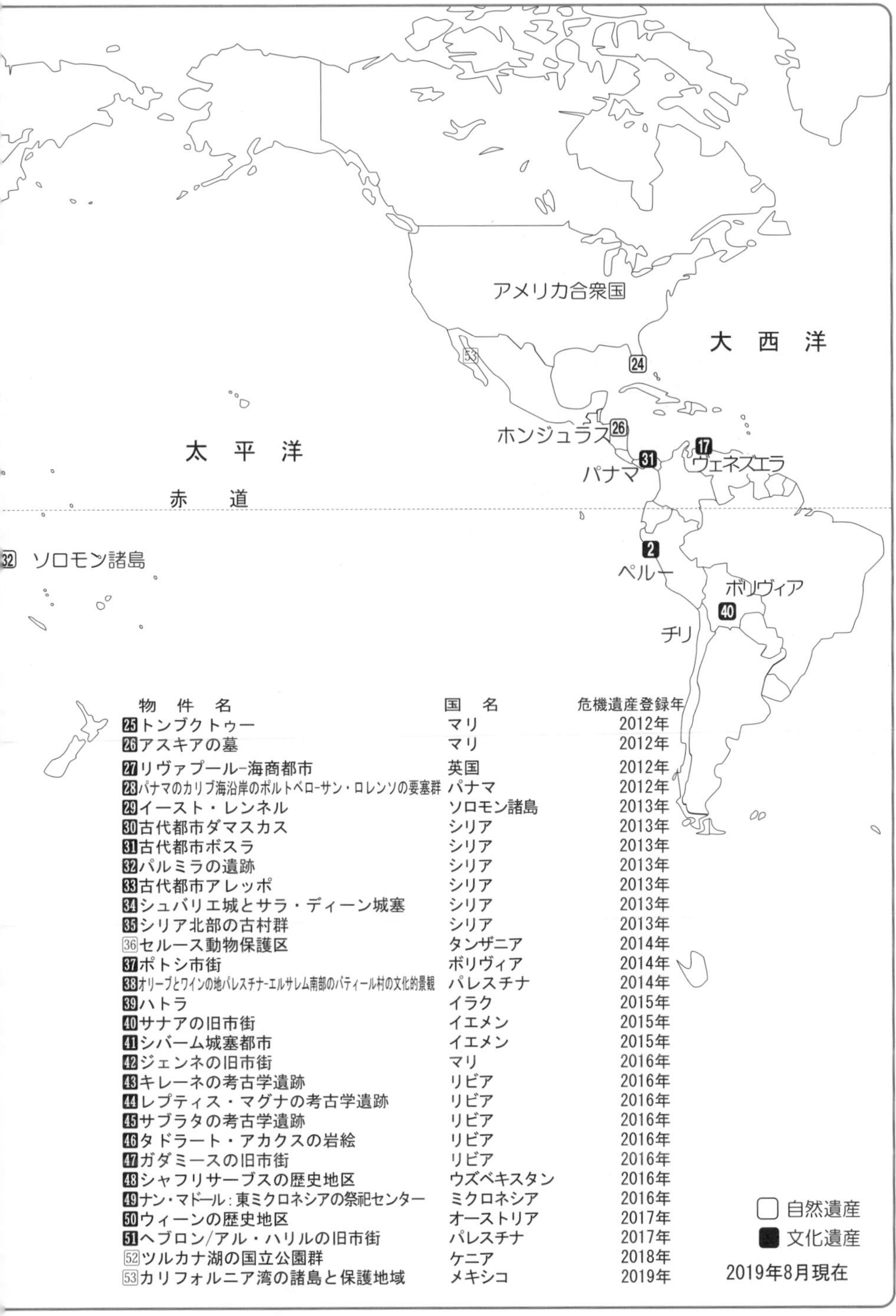
アメリカ合衆国
大　西　洋
53
24
太　平　洋
ホンジュラス
26
31
17
パナマ
ヴェネズエラ
赤　道
32 ソロモン諸島
2
ペルー
ボリヴィア
40
チリ

物　件　名	国　名	危機遺産登録年
㉕トンブクトゥー	マリ	2012年
㉖アスキアの墓	マリ	2012年
㉗リヴァプール-海商都市	英国	2012年
㉘パナマのカリブ海沿岸のポルトベロ-サン・ロレンソの要塞群	パナマ	2012年
㉙イースト・レンネル	ソロモン諸島	2013年
㉚古代都市ダマスカス	シリア	2013年
㉛古代都市ボスラ	シリア	2013年
㉜パルミラの遺跡	シリア	2013年
㉝古代都市アレッポ	シリア	2013年
㉞シュバリエ城とサラ・ディーン城塞	シリア	2013年
㉟シリア北部の古村群	シリア	2013年
㊱セルース動物保護区	タンザニア	2014年
㊲ポトシ市街	ボリヴィア	2014年
㊳オリーブとワインの地パレスチナ-エルサレム南部のバティール村の文化的景観	パレスチナ	2014年
㊴ハトラ	イラク	2015年
㊵サナアの旧市街	イエメン	2015年
㊶シバーム城塞都市	イエメン	2015年
㊷ジェンネの旧市街	マリ	2016年
㊸キレーネの考古学遺跡	リビア	2016年
㊹レプティス・マグナの考古学遺跡	リビア	2016年
㊺サブラタの考古学遺跡	リビア	2016年
㊻タドラート・アカクスの岩絵	リビア	2016年
㊼ガダミースの旧市街	リビア	2016年
㊽シャフリサーブスの歴史地区	ウズベキスタン	2016年
㊾ナン・マドール：東ミクロネシアの祭祀センター	ミクロネシア	2016年
㊿ウィーンの歴史地区	オーストリア	2017年
(51)ヘブロン/アル・ハリルの旧市街	パレスチナ	2017年
(52)ツルカナ湖の国立公園群	ケニア	2018年
(53)カリフォルニア湾の諸島と保護地域	メキシコ	2019年

□ 自然遺産
■ 文化遺産
2019年8月現在

危機遺産の概要

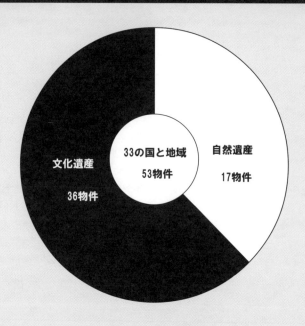

危機遺産　遺産種別・地域別グラフ

33の国と地域
53物件

文化遺産

36物件

自然遺産

17物件

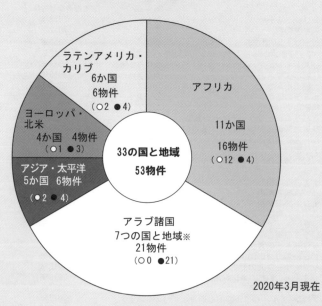

ラテンアメリカ・カリブ
6か国
6物件
（○2　●4）

ヨーロッパ・北米
4か国　4物件
（○1　●3）

アジア・太平洋
5か国　6物件
（○2　●4）

33の国と地域
53物件

アフリカ

11か国

16物件
（○12　●4）

アラブ諸国
7つの国と地域※
21物件
（○0　●21）

2020年3月現在

※ヨルダン推薦物件の「エルサレムの旧市街と城壁」を含む

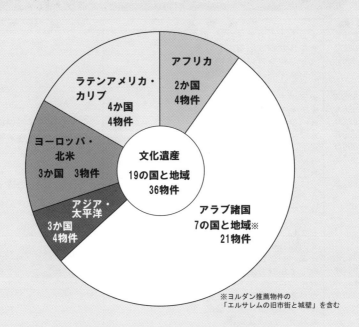

アフリカ
2か国
4物件

ラテンアメリカ・
カリブ
4か国
4物件

ヨーロッパ・
北米
3か国　3物件

アジア・
太平洋
3か国
4物件

文化遺産
19の国と地域
36物件

アラブ諸国
7の国と地域※
21物件

※ヨルダン推薦物件の
「エルサレムの旧市街と城壁」を含む

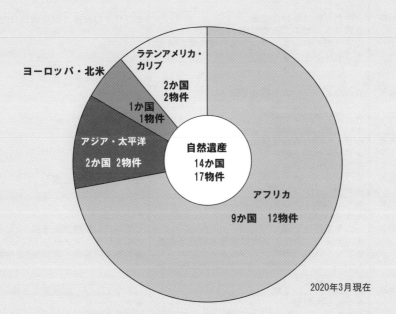

ラテンアメリカ・
カリブ
2か国
2物件

ヨーロッパ・北米
1か国
1物件

アジア・太平洋
2か国　2物件

自然遺産
14か国
17物件

アフリカ
9か国　12物件

2020年3月現在

危機遺産　登録・解除の推移

登録（解除）年	登　録　物　件	解　除　物　件
1979年	★コトルの自然・文化-歴史地域	
1982年	★エルサレム旧市街と城壁	
1984年	☆ンゴロンゴロ保全地域 ☆ジュジ国立鳥類保護区 ☆ガランバ国立公園	
1985年	★アボメイの王宮	
1986年	★チャン・チャン遺跡地域	
1988年	★バフラ城塞	○ジュジ国立鳥類保護区
1989年	★ヴィエリチカ塩坑	○ンゴロンゴロ保全地域
1990年	★トンブクトゥー	
1991年	☆プリトヴィチェ湖群国立公園 ★ドブロブニクの旧市街	
1992年	☆ニンバ山厳正自然保護区 ☆アイルとテネレの自然保護区 ☆マナス野生動物保護区 ☆サンガイ国立公園 ☆スレバルナ自然保護区 ★アンコール	○ガランバ国立公園
1993年	☆エバーグレーズ国立公園	
1994年	☆ヴィルンガ国立公園	
1995年	☆イエロー・ストーン	
1996年	☆リオ・プラターノ生物圏保護区 ☆イシュケウル国立公園 ☆ガランバ国立公園 ☆シミエン国立公園	
1997年	☆オカピ野生動物保護区 ☆カフジ・ビエガ国立公園 ☆マノボ・グンダ・サンフローリス国立公園 ★ブトリント	○プリトヴィチェ湖群国立公園
1998年		●ドブロブニクの旧市街 ●ヴィエリチカ塩坑
1999年	☆ルウェンゾリ山地国立公園 ☆サロンガ国立公園 ☆イグアス国立公園 ★ハンピの建造物群	
2000年	☆ジュジ国立鳥類保護区 ★ザビドの歴史都市 ★ラホールの城塞とシャリマール庭園	
2001年	★フィリピンのコルディリェラ山脈の棚田 ★アブ・ミナ	○イグアス国立公園
2002年	★ジャムのミナレットと考古学遺跡 ★ティパサ	
2003年	☆コモエ国立公園 ★バーミヤン盆地の文化的景観と考古学遺跡 ★アッシュル（カルア・シルカ） ★シルヴァンシャーの宮殿と乙女の塔がある城塞都市バクー ★カトマンズ渓谷	○スレバルナ自然保護区 ○イエロー・ストーン ●コトルの自然・文化-歴史地域
2004年	★バムの文化的景観 ★ケルン大聖堂 ★キルワ・キシワーニとソンゴ・ムナラの遺跡	○ルウェンゾリ山地国立公園 ●アンコール ●バフラ城塞
2005年	★ハンバーストーンとサンタ・ラウラの硝石工場 ★コロとその港	○サンガイ国立公園 ●トンブクトゥー ●ブトリント

危機遺産の概要

登録（解除）年	登 録 物 件	解 除 物 件
2006年	★ドレスデンのエルベ渓谷 ★コソヴォの中世の記念物群	○ジュジ国立鳥類保護区 ○イシュケウル国立公園 ●ティパサ ●ハンピの建造物群 ●ケルン大聖堂
2007年	☆ガラパゴス諸島 ☆ニオコロ・コバ国立公園 ★サーマッラの考古学都市	○エバーグレーズ国立公園 ○リオ・プラターノ生物圏保護区 ●アボメイの王宮 ●カトマンズ渓谷
2009年	☆ベリーズ珊瑚礁保護区 ☆ロス・カティオス国立公園 ★ムツヘータの歴史的建造物群 　　ドレスデンのエルベ渓谷（登録抹消）	●シルヴァンシャーの宮殿と 　乙女の塔がある城塞都市バクー
2010年	☆アツィナナナの雨林群 ☆エバーグレーズ国立公園 ★バグラチ大聖堂とゲラチ修道院 ★カスビのブガンダ王族の墓	○ガラパゴス諸島
2011年	☆スマトラの熱帯雨林遺産 ☆リオ・プラターノ生物圏保護区	○マナス野生動物保護区
2012年	★トンブクトゥー ★アスキアの墓 ★イエスの生誕地：ベツレヘムの聖誕教会と巡礼の道 ★リヴァプール―海商都市 ★パナマのカリブ海沿岸のポルトベロ―サン・ロレンソの要塞群	●ラホールの城塞とシャリマール 　庭園 ●フィリピンのコルディリェラ 　山脈の棚田群
2013年	☆イースト・レンネル ★古代都市ダマスカス ★古代都市ボスラ ★パルミラの遺跡 ★古代都市アレッポ ★シュバリエ城とサラ・ディーン城塞 ★シリア北部の古村群	●バムとその文化的景観
2014年	☆セルース動物保護区 ★ポトシ市街 ★オリーブとワインの地パレスチナ – 　　エルサレム南部のバティール村の文化的景観	●キルワ・キシワーニと 　ソンゴ・ムナラの遺跡
2015年	★ハトラ ★サナアの旧市街 ★シバーム城塞都市	○ロス・カティオス国立公園
2016年	★ジェンネの旧市街 ★キレーネの考古学遺跡 ★レプティス・マグナの考古学遺跡 ★サブラタの考古学遺跡 ★タドラート・アカクスの岩絵 ★ガダミースの旧市街 ★シャフリサーブスの歴史地区 ★ナン・マドール：東ミクロネシアの祭祀センター	●ムツヘータの歴史的建造物群
2017年	★ウィーンの歴史地区 ★ヘブロン/アル・ハリルの旧市街	○シミエン国立公園 ○コモエ国立公園 ●ゲラチ修道院
2018年	☆ツルカナ湖の国立公園群	○ベリーズ珊瑚礁保護区
2019年	☆カリフォルニア湾の諸島と保護地域	●イエスの生誕地：ベツレヘム 　の聖誕教会と巡礼の道 ●ハンバーストーンと 　サンタ・ラウラの硝石工場群

危機遺産の概要

危機遺産　物件名と登録された理由

	物　件　名	国　　名	危機遺産登録年	登録された主な理由
1	●エルサレム旧市街と城壁	ヨルダン推薦物件	1982年	民族紛争
2	●チャン・チャン遺跡地域	ペルー	1986年	風雨による侵食・崩壊
3	○ニンバ山厳正自然保護区	ギニア／コートジボワール	1992年	鉄鉱山開発、難民流入
4	○アイルとテネレの自然保護区	ニジェール	1992年	武力紛争、内戦
5	○ヴィルンガ国立公園	コンゴ民主共和国	1994年	地域紛争、密猟
6	○ガランバ国立公園	コンゴ民主共和国	1996年	密猟、内戦、森林破壊
7	○オカピ野生動物保護区	コンゴ民主共和国	1997年	武力紛争、森林伐採、密猟
8	○カフジ・ビエガ国立公園	コンゴ民主共和国	1997年	密猟、難民流入、農地開拓
9	○マノボ・グンダ・サンフローリス国立公園	中央アフリカ	1997年	密猟
10	○サロンガ国立公園	コンゴ民主共和国	1999年	密猟、都市化
11	●ザビドの歴史都市	イエメン	2000年	都市化、劣化
12	●アブ・ミナ	エジプト	2001年	土地改良による溢水
13	●ジャムのミナレットと考古学遺跡	アフガニスタン	2002年	戦乱による損傷、浸水
14	●バーミヤン盆地の文化的景観と考古学遺跡	アフガニスタン	2003年	崩壊、劣化、盗窟など
15	●アッシュル（カルア・シルカ）	イラク	2003年	ダム建設、保護管理措置欠如
16	●コロとその港	ヴェネズエラ	2005年	豪雨による損壊
17	●コソヴォの中世の記念物群	セルビア	2006年	政治的不安定による管理と保存の困難
18	○ニオコロ・コバ国立公園	セネガル	2007年	密猟、ダム建設計画
19	●サーマッラの考古学都市	イラク	2007年	宗派対立
20	●カスビのブガンダ王族の墓	ウガンダ	2010年	2010年3月の火災による焼失
21	○アツィナナナの雨林群	マダガスカル	2010年	違法な伐採、キツネザルの狩猟の横行
22	○エバーグレーズ国立公園	アメリカ合衆国	2010年	水界生態系の劣化の継続、富栄養化
23	○スマトラの熱帯雨林遺産	インドネシア	2011年	密猟、違法伐採など
24	○リオ・プラターノ生物圏保護区	ホンジュラス	2011年	違法伐採、密漁、不法占拠、密猟など
25	●トゥンブクトゥー	マリ	2012年	武装勢力による破壊行為
26	●アスキアの墓	マリ	2012年	武装勢力による破壊行為
27	●リヴァプールー海商都市	英国	2012年	大規模な水域再開発計画
28	●パナマのカリブ海沿岸のポルトベロ・サン・ロレンソの要塞群	パナマ	2012年	風化や劣化、維持管理の欠如など
29	○イースト・レンネル	ソロモン諸島	2013年	森林の伐採

	物　件　名	国　　名	危機遺産登録年	登録された主な理由
30	●古代都市ダマスカス	シリア	2013年	国内紛争の激化
31	●古代都市ボスラ	シリア	2013年	国内紛争の激化
32	●パルミラの遺跡	シリア	2013年	国内紛争の激化
33	●古代都市アレッポ	シリア	2013年	国内紛争の激化
34	●シュバリエ城とサラ・ディーン城塞	シリア	2013年	国内紛争の激化
35	●シリア北部の古村群	シリア	2013年	国内紛争の激化
36	○セルース動物保護区	タンザニア	2014年	見境ない密猟
37	●ポトシ市街	ボリヴィア	2014年	経年劣化による鉱山崩壊の危機
38	●オリーブとワインの地パレスチナ -エルサレム南部のバティール村の文化的景観	パレスチナ	2014年	分離壁の建設による文化的景観の損失の懸念
39	●ハトラ	イラク	2015年	過激派組織「イスラム国」による破壊、損壊
40	●サナアの旧市街	イエメン	2015年	ハディ政権とイスラム教シーア派との戦闘激化、空爆による遺産の損壊
41	●シバーム城塞都市	イエメン	2015年	ハディ政権とイスラム教シーア派との戦闘激化による潜在危険
42	●ジェンネの旧市街	マリ	2016年	不安定な治安情勢、風化や劣化、都市化、浸食
43	●キレーネの考古学遺跡	リビア	2016年	カダフィ政権崩壊後の国内紛争の激化
44	●レプティス・マグナの考古学遺跡	リビア	2016年	カダフィ政権崩壊後の国内紛争の激化
45	●サブラタの考古学遺跡	リビア	2016年	カダフィ政権崩壊後の国内紛争の激化
46	●タドラート・アカクスの岩絵	リビア	2016年	カダフィ政権崩壊後の国内紛争の激化
47	●ガダミースの旧市街	リビア	2016年	カダフィ政権崩壊後の国内紛争の激化
48	●シャフリサーブスの歴史地区	ウズベキスタン	2016年	ホテルなどの観光インフラの過度の開発、都市景観の変化
49	●ナン・マドール：東ミクロネシアの祭祀センター	ミクロネシア	2016年	マングローブなどの繁茂や遺跡の崩壊
50	●ウィーンの歴史地区	オーストリア	2017年	高層ビル建設プロジェクトによる都市景観問題
51	●ヘブロン/アル・ハリールの旧市街	パレスチナ	2017年	民族紛争、宗教紛争
52	○ツルカナ湖の国立公園群	ケニア	2018年	ダム建設
53	○カリフォルニア湾の諸島と保護地域	メキシコ	2019年	違法操業

○ 自然遺産　17件　　● 文化遺産　36件　　　　　　　　　2020年3月現在

世界遺産と危機遺産の数の推移と危機遺産比率

年	登録物件数（危機遺産数　割合）
1977年	0（0　0%）
1978年	12（0　0%）
1979年	57（1　1.75%）
1980年	85（1　1.18%）
1981年	112（1　0.89%）
1982年	136（2　1.47%）
1983年	165（2　1.21%）
1984年	186（5　2.69%）
1985年	216（6　2.78%）
1986年	247（7　2.83%）
1987年	288（7　2.43%）
1988年	315（7　2.22%）
1989年	322（7　2.17%）
1990年	336（8　2.38%）
1991年	358（10　2.79%）
1992年	378（15　3.97%）
1993年	411（16　3.89%）
1994年	440（17　3.86%）
1995年	469（18　3.84%）
1996年	506（22　4.35%）
1997年	552（25　4.53%）
1998年	582（23　3.95%）
1999年	630（27　4.29%）
2000年	690（30　4.35%）
2001年	721（31　4.30%）
2002年	730（33　4.52%）
2003年	754（35　4.64%）
2004年	788（35　4.44%）
2005年	812（34　4.19%）
2006年	830（31　3.73%）
2007年	851（30　3.53%）
2008年	878（30　3.42%）
2009年	890（31　3.48%）
2010年	911（34　3.73%）
2011年	936（35　3.74%）
2012年	962（38　3.95%）
2013年	981（44　4.49%）
2014年	1007（46　4.57%）
2015年	1031（48　4.66%）
2016年	1052（55　5.23%）
2017年	1073（54　5.03%）
2018年	1092（54　4.95%）
2019年	1121（53　4.73%）

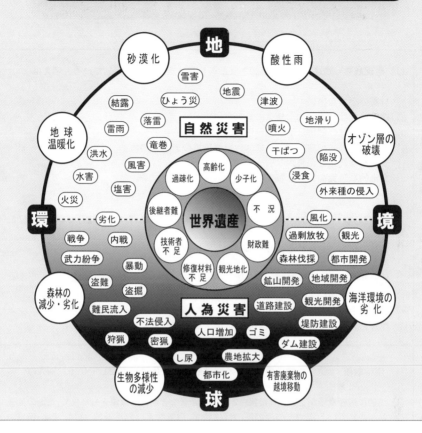

世界遺産を取り巻く危険と脅威

（図中の文字）

地

砂漠化　　酸性雨

雪害　地震

結露　ひょう災　津波

雷雨　落雷　自然災害　噴火　地滑り

地球温暖化　風害　竜巻　干ばつ　陥没　オゾン層の破壊

洪水　　　　　　　　　　　　　　　浸食

水害　塩害　高齢化　少子化　外来種の侵入

火災　過疎化　世界遺産　不況

環 …… 劣化　後継者難　…… 風化 …… 境

戦争　内戦　技術者不足　財政難　過剰放牧　観光

武力紛争　暴動　修復材料不足　観光地化　森林伐採　都市開発

盗難　盗掘　鉱山開発　地域開発

森林の減少・劣化　難民流入　人為災害　道路建設　観光開発　海洋環境の劣化

不法侵入　人口増加　ゴミ　堤防建設

狩猟　密猟　ダム建設

し尿　農地拡大

生物多様性の減少　都市化　有害廃棄物の越境移動

球

世界遺産の確認危険と潜在危険

(1) **確認危険**　世界遺産が特定の確認された差し迫った危険に直面している、例えば、
　i) 材質の重大な損壊
　ii) 構造、或は、装飾的な特徴の重大な損壊
　iii) 建築、或は、都市計画の統一性の重大な損壊
　iv) 都市、或は、地方の空間、或は、自然環境の重大な損壊
　v) 歴史的な真正性の重大な喪失
　vi) 文化的な意義の大きな喪失

(2) **潜在危険**　世界遺産固有の特徴に有害な影響を与えかねない脅威に直面している、例えば、
　i) 保護の度合いを弱めるような遺産の法的地位の変化
　ii) 保護政策の欠如
　iii) 地域開発計画による脅威的な影響
　iv) 都市開発計画による脅威的な影響
　v) 武力紛争の勃発、或は、その恐れ
　vi) 地質、気象、その他の環境的な要因による漸進的変化

危機遺産の概要

危機遺産　登録基準

<table>
<tr>
<td rowspan="2">文化遺産の場合</td>
<td>

(1) 確認危険　遺産が特定の確認された差し迫った危険に直面している、例えば、

i) 材質の重大な損壊
ii) 構造、或は、装飾的な特徴の重大な損壊
iii) 建築、或は、都市計画の統一性の重大な損壊
iv) 都市、或は、地方の空間、或は、自然環境の重大な損壊
v) 歴史的な真正性の重大な喪失
vi) 文化的な意義の大きな喪失

(2) 潜在危険　遺産固有の特徴に有害な影響を与えかねない脅威に直面している、例えば、

i) 保護の度合いを弱めるような遺産の法的地位の変化
ii) 保護政策の欠如
iii) 地域開発計画による脅威的な影響
iv) 都市開発計画による脅威的な影響
v) 武力紛争の勃発、或は、その恐れ
vi) 地質、気象、その他の環境的な要因による漸進的変化

</td>
</tr>
</table>

<table>
<tr>
<td rowspan="2">自然遺産の場合</td>
<td>

(1) 確認危険　遺産が特定の確認された差し迫った危険に直面している、例えば、

i) 法的に遺産保護が定められた根拠となった顕著で普遍的な価値をもつ種で、絶滅の危機にさらされている種やその他の種の個体数が、病気などの自然要因、或は、密猟・密漁などの人為的要因などによって著しく低下している
ii) 人間の定住、遺産の大部分が氾濫するような貯水池の建設、産業開発や、農薬や肥料の使用を含む農業の発展、大規模な公共事業、採掘、汚染、森林伐採、燃料材の採取などによって、遺産の自然美や学術的価値が重大な損壊を被っている
iii) 境界や上流地域への人間の侵入により、遺産の完全性が脅かされる

(2) 潜在危険　遺産固有の特徴に有害な影響を与えかねない脅威に直面している、例えば、

i) 指定地域の法的な保護状態の変化
ii) 遺産内か、或は、遺産に影響が及ぶような場所における再移住計画、或は、開発事業
iii) 武力紛争の勃発、或は、その恐れ
iv) 保護管理計画が欠如しているか、不適切か、或は、十分に実施されていない

</td>
</tr>
</table>

危機遺産　確認危険と潜在危険

危険種別 ＼ 遺産種別	文化遺産	自然遺産
確認危険 Ascertained Danger	● 材質の重大な損壊 ● 構造、或は、装飾的な特徴 ● 建築、或は、都市計画の統一性 ● 歴史的な真正性 ● 文化的な定義	● 病気、密猟、密漁 ● 大規模開発、産業開発採掘、汚染、森林伐採 ● 境界や上流地域への人間の侵入
潜在危険 Potential Danger	● 遺産の法的地位 ● 保護政策 ● 地域開発計画 ● 都市開発計画 ● 武力紛争 ● 地質、気象、その他の環境的要因	● 指定地域の法的な保護状況 ● 再移転計画、或は開発事業 ● 武力紛争 ● 保護管理計画

危機遺産の概要

保存管理状況の監視と報告

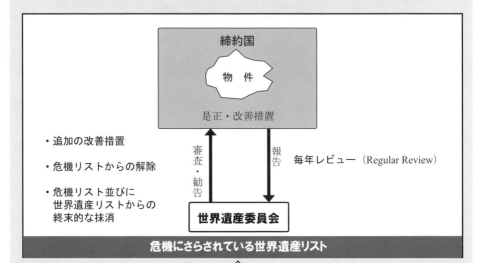

- 追加の改善措置
- 危機リストからの解除
- 危機リスト並びに
  世界遺産リストからの
  終末的な抹消

締約国

物 件

是正・改善措置

審査・勧告　報告　　毎年レビュー（Regular Review）

世界遺産委員会

危機にさらされている世界遺産リスト

監視強化メカニズム（Reinforced Monitoring Mechanism 略称：RMM）→ 制度化

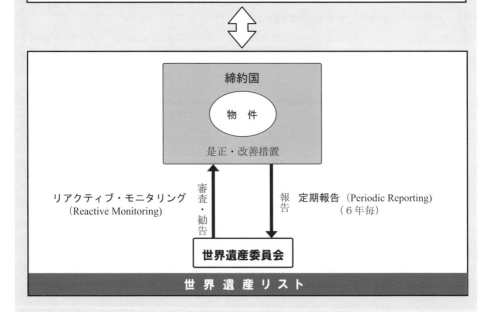

締約国

物 件

是正・改善措置

リアクティブ・モニタリング
（Reactive Monitoring）

審査・勧告　報告　定期報告（Periodic Reporting）
（6年毎）

世界遺産委員会

世 界 遺 産 リ ス ト

世界遺産リストからの抹消手続きと抹消事例

準　拠	世界遺産条約履行の為の作業指針（オペレーショナル・ガイドラインズ）第4章Cの規定「Ⅳ.C 世界遺産リストからの物件の終末的な抹消の手続き」に拠る。
場　合	a）世界遺産登録時の物件所在地の特色・特徴が喪失した場合。 b）世界遺産地が有する特質が、人間の活動によって、既に脅威にさらされており、締約国が必要措置を講じても、一向に是正されない場合。
手続き	①当該物件が所在する締約国は、上記2のケースを、ユネスコ世界遺産センターに報告する。 ②ユネスコ世界遺産センターは、当該締約国関連の他のソースから情報を収集し、その内容について、当該締約国と協議し、コメントを求める。 ③ユネスコ世界遺産センターは、自然遺産についてはIUCN、文化遺産についてはICOMOSに諮問する。 ④世界遺産委員会は、すべてのの情報を審議し、出席者の3分の2の多数決で決議する。 ⑤当該締約国には、世界遺産委員会の決議が通知され、世界遺産委員会は、この決議の公告を速やかに行なう。 ⑥世界遺産リストの修正
抹消事例	●「アラビアン・オリックス保護区」（オマーン）　2007年抹消 ●「ドレスデンのエルベ渓谷」（ドイツ）　2009年抹消

コア・ゾーン（推薦資産）

登録推薦資産を効果的に保護するたに明確に設定された境界線。

境界線の設定は、資産の「顕著な普遍的価値」及び完全性及び真正性が十分に表現されることを保証するように行われなければならない。＿＿＿＿＿＿＿＿ ha

- ●文化財保護法
  国の史跡指定
  国の重要文化的景観指定など
- ●自然公園法
  国立公園、国定公園
- ●都市計画法
  国営公園

登録範囲

バッファー・ゾーン（緩衝地帯）

推薦資産の効果的な保護を目的として、推薦資産を取り囲む地域に、法的または慣習的手法により補完的な利用・開発規制を敷くことにより設けられるもうひとつの保護の網。推薦資産の直接のセッティング（周辺の環境）、重要な景色やその他資産の保護を支える重要な機能をもつ地域または特性が含まれるべきである。＿＿＿＿＿＿＿＿ ha

- ●景観条例
- ●環境保全条例

長期的な保存管理計画

登録推薦資産の現在及び未来にわたる効果的な保護を担保するために、各資産について、資産の「顕著な普遍的価値」をどのように保全すべきか（参加型手法を用いることが望ましい）について明示した適切な管理計画のこと。どのような管理体制が効果的かは、登録推薦資産のタイプ、特性、ニーズや当該資産が置かれた文化、自然面での文脈によっても異なる。管理体制の形は、文化的視点、資源量その他の要因によって、様々な形式をとり得る。伝統的手法、既存の都市計画や地域計画の手法、その他の計画手法が使われることが考えられる。

- ●管理主体
- ●管理体制
- ●管理計画

- ●記録・保存・継承
- ●公開・活用（教育、観光、まちづくり）

- ●地域計画、都市計画
- ●協働のまちづくり

担保条件

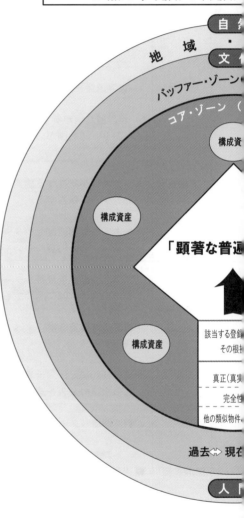

世界遺産登録と「顕著な普遍

顕著な普遍的価値（Outstan

国家間の境界を超越し、人類全体にとって現代及び将来の世代に文化的な意義及び/又は自然的な価値を意味する。国際社会全体にとって最高水準の重要性を有する。

ローカル ⇨ リージョナル ⇨ ナショナル

自然

地域・文化

バッファー・ゾーン

コア・ゾーン（

構成資産

構成資産

「顕著な普遍

構成資産

該当する登録

その根拠

真正（真実

完全性

他の類似物件

過去 ⇔ 現在

人間

登録遺産名：○○○○○○○○○○○○○○

日本語表記：○○○○○○○○○○○○○○

位置（経緯度）：北緯○○度○○分 東経○

登録遺産の説明と概要：○○○○○○○○○

○○○○○○○○○○○○

「価値」の証明について

iversal Value＝OUV）

に共通した重要性をもつような、傑出した
のような遺産を恒久的に保護することは

ーナショナル ⇨グローバル

き ち

（帯）

産）

構成資産

値」

構成資産

境界線
（バウンダリーズ）

○○○○（英語）
○○○○○○
○○分
○○○○○○○○○
○○○○○○

必要十分条件の証明

登録基準（クライテリア）

必要条件

(i) 人類の創造的天才の傑作を表現するもの。
　→人類の創造的天才の傑作
(ii)ある期間を通じて、または、ある文化圏において、建築、技術、
　記念碑的芸術、町並み計画、景観デザインの発展に関し、人類の
　価値の重要な交流を示すもの。
　→人類の価値の重要な交流を示すもの
(iii)現存する、または、消滅した文化的伝統、または、文明の、唯一の、
　または、少なくとも稀な証拠となるもの。
　→文化的伝統、文明の稀な証拠
(iv)人類の歴史上重要な時代を例証する、ある形式の建造物、建築物群、
　技術の集積、または、景観の顕著な例。
　→歴史上、重要な時代を例証する優れた例
(v) 特に、回復困難な変化の影響下で損傷されやすい状態にある場合に
　おける、ある文化（または、複数の文化）、或は、環境と人間との
　相互作用、を代表する伝統的集落、または、土地利用の顕著な例。
　→存続が危ぶまれている伝統的集落、土地利用の際立つ例
(vi)顕著な普遍的意義を有する出来事、現存する伝統、思想、信仰、
　または、芸術的、文学的作品と、直接に、または、明白に関連する
　もの。
　→普遍的出来事、伝統、思想、信仰、芸術、文学的作品と関連するもの
(vii)もっともすばらしい自然的現象、または、ひときわすぐれた自然美
　をもつ地域、及び、美的な重要性を含むもの。→自然景観
(viii)地球の歴史上の主要な段階を示す顕著な見本であるもの。
　これには、生物の記録、地形の発達における重要な地学的進行過程、
　或は、重要な地形的、または、自然地理的特性などが含まれる。
　→地形・地質
(ix)陸上、淡水、沿岸、及び、海洋生態系と動植物群集の進化と発達に
　おいて、進行しつつある重要な生態学的、生物学的プロセスを示す
　顕著な見本であるもの。→生態系
(x) 生物多様性の本来的保全にとって、もっとも重要かつ意義深い自然
　生息地を含んでいるもの。これには、科学上、または、保全上の観
　点から、普遍的価値をもつ絶滅の恐れのある種が存在するものを
　含む。
　→生物多様性

※上記の登録基準(i)〜(x)のうち、一つ以上の登録基準を満たすと
　共に、それぞれの根拠となる説明が必要。

十分条件

真正（真実）性（オーセンティシティ）

文化遺産の種類、その文化的文脈によって一様ではないが、資産
の文化的価値（上記の登録基準）が、下に示すような多様な属性
における表現において真実かつ信用性を有する場合に、真正性の
条件を満たしていると考えられ得る。
　○形状、意匠
　○材料、材質
　○用途、機能
　○伝統、技能、管理体制
　○位置、セッティング（周辺の環境）
　○言語その他の無形遺産
　○精神、感性
　○その他の内部要素、外部要素

完全性（インテグリティ）

自然遺産及び文化遺産とそれらの特質のすべてが無傷で包含され
ている度合を測るためのものさしである。従って、完全性の条件
を調べるためには、当該資産が以下の条件をどの程度満たしてい
るかを評価する必要がある。
　a)「顕著な普遍的価値」が発揮されるのに必要な要素
　　（構成資産）がすべて含まれているか。
　b) 当該物件の重要性を示す特徴を不足なく代表するために適切
　　な大きさが確保されているか。
　c) 開発及び管理放棄による負の影響を受けていないか。

他の類似物件との比較

当該物件を、国内外の類似の世界遺産、その他の物件と比較した
比較分析を行わなければならない。比較分析では、当該物件の国内
での重要性及び国際的な重要性について説明しなければならない。

Ⓒ 世界遺産総合研究所

ユネスコ遺産の危機遺産に関する考え方

	世 界 遺 産	世界無形文化遺産	世界記憶遺産
準拠	世界の文化遺産および自然遺産の保護に関する条約 （略称 ： 世界遺産条約）	無形文化遺産の保護に関する条約 （略称：無形文化遺産保護条約）	メモリー・オブ・ザ・ワールド・プログラム （略称 ： MOW）
採択・開始	1972年	2003年	1992年
目的	かけがえのない遺産をあらゆる脅威や危険から守る為に、その重要性を広く世界に呼びかけ、保護・保全の為の国際協力を推進する。	グローバル化により失われつつある多様な文化を守るため、無形文化遺産尊重の意識を向上させ、その保護に関する国際協力を促進する。	人類の歴史的な文書や記録など、忘却してはならない貴重な記録遺産を登録し、最新のデジタル技術などで保存し、広く公開する。
対象	有形の不動産 （文化遺産、自然遺産）	文化の表現形態 ・口承及び表現 ・芸能 ・社会的慣習、儀式及び祭礼行事 ・自然及び万物に関する知識及び慣習 ・伝統工芸技術	・文書類（手稿、写本、書籍等） ・非文書類（映画、音楽、地図等） ・視聴覚類（映画、写真、ディスク等） ・その他　記念碑、碑文など
登録申請	各締約国（193か国） 2020年3月現在	各締約国（178か国） 2020年3月現在	国、地方自治体、団体、個人など
審議機関	世界遺産委員会 （委員国21か国）	無形文化遺産委員会 （委員国24か国）	ユネスコ事務局長 国際諮問委員会
審査評価機関	NGOの専門機関 （ICOMOS, ICCROM, IUCN） 現地調査と書類審査	無形文化遺産委員会の 補助機関 24か国の委員国の中から選出された6か国で構成 諮問機関 6つのNGOと6人の専門家で構成	国際諮問委員会の 補助機関　登録分科会 専門機関 （IFLA, ICA, ICAAA, ICOM などのNGO）
リスト	世界遺産リスト　（1121件）	人類の無形文化遺産の代表的なリスト （略称：代表リスト）（464件）	世界記憶遺産リスト （427件）
登録基準	必要条件 ：10の基準のうち、1つ以上を完全に満たすこと。	必要条件 ： 5つの基準を全て満たすこと。	必要条件：5つの基準のうち、1つ以上の世界的な重要性を満たすこと。
危機リスト	危機にさらされている世界遺産リスト （略称：危機遺産リスト）（53件）	緊急に保護する必要がある無形文化遺産のリスト （略称：緊急保護リスト）（64件）	―
基金	世界遺産基金	無形文化遺産保護基金	世界記憶遺産基金
事務局	ユネスコ世界遺産センター	ユネスコ文化局無形遺産課	ユネスコ情報・コミュニケーション局知識社会部ユニバーサルアクセス・保存課
指針	オペレーショナル・ガイドラインズ （世界遺産条約履行の為の作業指針）	オペレーショナル・ディレクティブス （無形文化遺産保護条約履行の為の運用指示書）	ジェネラル・ガイドラインズ （記録遺産保護の為の一般指針）
日本の窓口	外務省、文化庁記念物課 環境省、林野庁	外務省、文化庁伝統文化課	文部科学省 日本ユネスコ国内委員会
備考	顕著な普遍的価値	文化の多様性と人類の創造性	人類の歴史的な文書や記録

危機遺産 キーワード

アップストリーム・プロセス	Upstream Process
イコモス(国際記念物遺跡会議)	International Council of Monuments and Sites (ICOMOS)
遺産影響評価	Heritage Impact Assessment (HIA)
改善措置	Corrective Measure
開発圧力	Development Pressure
確認危険	Ascertained Danger
環境圧力	Environment Pressure
環境影響評価	Environmental Impact Assessment (EIA)
観光圧力	Tourism Pressure
監視（モニタリング）	Monitoring
監視強化カニズム	Reinforced Mmonitoring Mechanism (RMM)
完全性	Integrity
管理	Management
危機遺産	World Heritage in Danger
危険	Danger
気候変動	Climate change
脅威	Threat
顕著な普遍的価値	Outstanding UniversalValue (OUV)
国連教育科学文化機関（ユネスコ）	United Nations Educational, Scientific and Cultural Organization (UNESCO)
国際産業遺産保存委員会	The International Committee for the Conservation of the Industrial Heritage (TICCIH)
国際自然保護連合	International Union for Conservation of Nature and Natural Resources (IUCN)
国際連合	United Nations (UN)
災害対策	Disaster Countermeasures
自然災害	Natural Disaster
真正性	Authenticity
世界遺産センター	World Heritage Centre (WHC)
世界遺産都市機構	The Organization of World Heritage Cities (OWHC)
潜在危険	Potential Danger
地球環境問題	Global environmental problem
定期報告	Periodic Reporting
登録基準	Criteria
バッファー・ゾーン	Buffer zone
非政府組織	Non-Gavernmental Organization (NGO)
防災	Disaster Reduction
保全状況	State of Conservation
リアクティブ・モニタリング	Reactive Monitoring

危機にさらされている世界遺産（地域別）

パルミラ（シリア）
1980年世界遺産登録
2013年危機遺産登録★

トゥンブクトゥー

アフリカ

登録遺産名	**Timbuktu**
遺産種別	**文化遺産**

登録基準　(ii) ある期間を通じて、または、ある文化圏において、建築、技術、記念碑的芸術、町並み計画、景観デザインの発展に関し、人類の価値の重要な交流を示すもの。

(iv) 人類の歴史上重要な時代を立証する、ある形式の建造物、建築物群、技術の集積、または、景観の顕著な例。

(v) 特に、回復困難な変化の影響下で損傷されやすい状態にある場合における、ある文化（または、複数の文化）或は、環境と人間の相互作用、を代表する伝統的集落、または、土地利用の顕著な例。

登録年月　1988年12月（第12回世界遺産委員会ブラジリア会議）
1990年12月（第14回世界遺産委員会バンフ会議）★【危機遺産】
2005年 7月（第29回世界遺産委員会ダーバン会議）【危機遺産解除】
2012年 7月（第36回世界遺産委員会サンクトペテルブルク会議）★【危機遺産】

登録遺産の面積　コア・ゾーン　－ha　　バッファー・ゾーン　－ha

登録物件の概要　トンブクトゥーは、マリの中部トンブクトゥー州にある「ブクツー婦人」という意味をもち「黄金の都」と呼ばれた町。9～16世紀に興亡したソンガイ帝国など三大帝国時代に、サハラ砂漠で採れる岩塩とニジェール川上流の金の交易で繁栄を謳歌した。特に、14世紀以降は、イスラム文化が開花、100ものイスラムのコーラン学校やジンガリベリ・モスク、サンコレ・モスク、シディ・ヤヒヤ・モスクなどのモスクが建設され今に残る。1968年から1973年にかけて起きたサヘル地域の干ばつ、1984年の大干ばつによって被害を受け、また、サハラ砂漠から吹き寄せる砂により、耕地、道路、人家が埋没の危機にさらされており、ゴーストタウン化しつつあるトゥアレグ族の町も、100年後には、砂漠化するともいわれている。1990年に「危機にさらされている世界遺産」に登録されたが、管理計画の導入など改善措置が講じられた為、2005年に解除された。2008年の第32回世界遺産委員会ケベック・シティ会議で、トンブクトゥーのアハメド・ババ文化センター近くでの新建設の監視強化が要請された。また、マリ北部を占拠する武装勢力による世界遺産の破壊行為の脅威や危険にさらされていることから、2012年に、再度、「危機にさらされている世界遺産リスト」に登録された。

分類	遺跡
物件所在地	マリ共和国／トンブクトゥー州トンブクトゥー圏
構成資産	●ジンガリベリ・モスク
	●サンコレ・モスク
	●シディ・ヤヒヤ・モスク
	●イスラムのコーラン学校など
保護	●国家文化遺産の保護及び振興に関する法律第85-40号／AN-RM（1985年）
管理	●文化省文化財保護局
利活用	●観光、博物館

危機遺産に登録された理由　マリ北部を占拠する武装勢力による世界遺産の破壊行為
世界遺産を取り巻く脅威や危険
　　　　　　　●武力勢力による破壊行為
　　　　　　　●砂漠化
課題　　　　　世界遺産の登録範囲が明確でない。
参考URL　　　**http://whc.unesco.org/en/list/119**

アフリカ

マリ北部を占拠する武装勢力による世界遺産の破壊行為の
脅威や危険にさらされている。

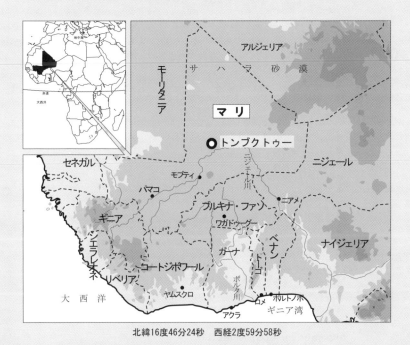

北緯16度46分24秒　西経2度59分58秒

交通アクセス　●バマコからモプティ経由でカバレまで飛行機。カバレからは車。

アスキアの墓

アフリカ

登録遺産名	**Tomb of Askia**
遺産種別	**文化遺産**
登録基準	(ii) ある期間を通じて、または、ある文化圏において、建築、技術、記念碑的芸術、町並み計画、景観デザインの発展に関し、人類の価値の重要な交流を示すもの。
	(iii) 現存する、または、消滅した文化的伝統、または、文明の、唯一の、または、少なくとも稀な証拠となるもの。
	(iv) 人類の歴史上重要な時代を例証する、ある形式の建造物、建築物群、技術の集積、または、景観の顕著な例。
登録年月	2004年7月（第28回世界遺産委員会蘇州会議）
	2012年7月（第36回世界遺産委員会サンクトペテルブルク会議）★【危機遺産】
登録遺産の面積	コア・ゾーン 4.25ha、バッファー・ゾーン 82ha

登録物件の概要 アスキアの墓は、トンブクトゥーの東300km、ガオ州ガオ圏にある。アスキアの墓は、北アフリカとの交易によって栄え15～16世紀に全盛期を誇ったソンガイ王国（1473～1591年）の皇帝アスキア・モハメド（在位1493～1528年）によって、1495年に当時の首都ガオに建設された。ソンガイ王国は、かつては、西アフリカ地方とサハラの交易を支配し、アスキアの墓は、重要な遺構である。アスキアの墓は、土着の伝統建築様式を反映して、泥レンガが出来ており、高さが17mで、ピラミッドの形をしている。 世界遺産の構成資産は、ピラミッドの墓、2つの平屋根のモスクの建造物群、モスクの墓地、野外の集会広場からなる。マリ北部を占拠する武装勢力による世界遺産の破壊行為の脅威や危険にさらされていることから、2012年に「危機にさらされている世界遺産リスト」に登録された。

分類	遺跡
年代区分	16世紀初期～
物件所在地	マリ共和国／ガオ州ガオ圏
構成資産	●ピラミッドの墓
	●2つの平屋根のモスクの建造物群
	●モスクの墓地
	●野外の集会広場
土地所有	●国有地
保護	●国家文化遺産の保護及び振興に関する法律第85-40号／AN-RM（1985年）
管理	●文化省文化財保護局
利活用	●観光

危機遺産に登録された理由 マリ北部を占拠する武装勢力による世界遺産の破壊行為
世界遺産を取り巻く脅威や危険
　　　　　　　　●武力勢力による破壊行為
　　　　　　　　●浸食
　　　　　　　　●旅行者の増加

参考URL	http://whc.unesco.org/en/list/1139

マリ北部を占拠する武装勢力による世界遺産の破壊行
為の脅威や危険にさらされているソンガイ王国の皇帝
アスキア・モハメドの墓

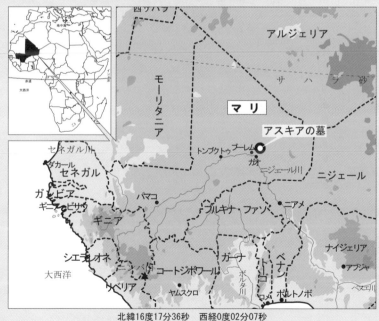

北緯16度17分36秒　西経0度02分07秒

交通アクセス　●トンブクトゥーから車。

ジェンネの旧市街

登録遺産名		**Old Towns of Djenne**
遺産種別		**文化遺産**
登録基準	(iii)	現存する、または、消滅した文化的伝統、または、文明の、唯一の、または、少なくとも稀な証拠となるもの。
	(iv)	人類の歴史上重要な時代を例証する、ある形式の建造物、建築物群、技術の集積、または、景観の顕著な例。

登録年月　　1988年12月（第12回世界遺産委員会ブラジリア会議）
　　　　　　2016年10月（第40回世界遺産委員会パリ会議）★【危機遺産】

登録遺産の面積　コア・ゾーン　－ha　　バッファー・ゾーン　－ha

登録物件の概要　ジェンネは、マリ中部のニジェール川とバニ川の中州にある。ジェンネは、14〜16世紀には、マリンケ族の帝国であったマリ帝国、西スーダンの王国であったソンガイ帝国が、北部アフリカのイスラム商人との交易で、黄金の都と呼ばれたトンブクトゥやニジェール川下流のガオなどの交易都市と共に栄えたサハラ南部の町である。ジェンネには、西アフリカのイスラム教のシンボルともいわれる、町の中央にある56m四方の基層部と11mの高さを誇る日干しレンガを使ったスーダン様式の大モスク、聖なる井戸のナナ・ワンゲラ、ジェンネ最古のテパマ墓地などが旧市街に残っている。2016年、第40回世界遺産委員会イスタンブール会議において、ジェンネの旧市街を取り巻く不安定な治安情勢から、歴史都市の建設材料の日干しレンガの風化や劣化、旧市街の都市化、それに考古学遺跡の浸食などの問題に対して、保全対策が講じられるのが妨げられていることから、「危機にさらされている世界遺産」に登録された。

分類	建造物群
物件所在地	モプティ州ジェンネ圏
構成資産	●ジェンネ・ジェンノ（旧ジェンネ） ●カニアナ ●トノンバ ●ジェンネ ●ハムバーケトロ
保護管理計画	ジェンネ旧市街保護管理計画（2018年〜2022年）
利活用	●観光

危機遺産に登録された理由　ジェンネの旧市街を取り巻く不安定な治安情勢から、歴史都市の建設材料の日干しレンガの風化や劣化、旧市街の都市化、それに考古学遺跡の浸食などの問題に対して、保全対策が講じられるのが妨げられていることから、「危機にさらされている世界遺産」に登録された。

参考URL　　**http://whc.unesco.org/en/list/116**

アフリカ

アフリカ

ジェンネ

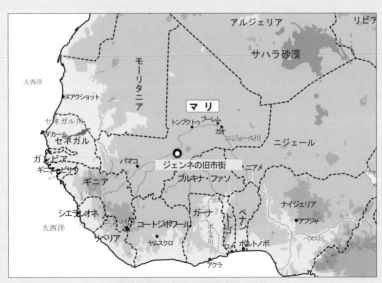

北緯13度54分23秒　西経4度33分18秒

交通アクセス　●モプティ市から車。

ニオコロ・コバ国立公園

登録遺産名	**Niokolo-Koba National Park**	
遺産種別	**自然遺産**	
登録基準	(x)	生物多様性の本来的保全にとって、もっとも重要かつ意義深い自然生息地を含んでいるもの。これには、科学上、または、保全上の観点から、すぐれて普遍的価値をもつ絶滅の恐れのある種が存在するものを含む。

アフリカ

登録年月　　　1981年10月（第5回世界遺産委員会シドニー会議）
　　　　　　　2007年 7月（第31回世界遺産委員会クライストチャーチ会議）★【危機遺産】

登録遺産の面積　913,000ha　　**標高**　　　16m～311m アシリク山（Mount Assirik）

登録物件の概要　ニオコロ・コバ国立公園は、セネガルの南西部、ギニアとの国境近くのタンバクンダ地方にある総面積913,000haの西部アフリカ最大の自然公園。国立公園内を流れるガンビア川を本流に、北東にはニオコロ・コバ川、西にはクルントゥ川が蛇行を繰り返し、森林や草原など豊かな緑を潤している。公園の大部分は、乾燥地帯であるスーダン・サバンナから湿地地帯のギニア森林への移行地帯となっており、2つの植生区分をもつ。そのため、生息する動物も多種多彩で、絶滅の危機にあるジャイアントイランドやイランド、コープ、ローンアンテロープ、ハーテービースト、キリン、ライオン、ヒョウ、カバ、アフリカゾウ、ナイルワニなどが見られる。哺乳類は約80種、その他、330種の鳥類、36種の爬虫類、20種の両生類、60種の魚類が生息する。植物も1500種類に及んでいる。アフリカゾウやキリン、ライオンなど密猟が後を絶たず、その数が激減しており問題化している。2007年に、密猟の横行、ダム建設計画などの理由から、「危機にさらされている世界遺産リスト」に登録された。

分類　　　　　　　生物多様性
生物地理地区　　　西部アフリカ森林／サバンナ（West African Woodland／Savanna）
IUCNの管理カテゴリー　II（National Park）

物件所在地　　　セネガル共和国／Tamba-Counda, BP37, Senegal
保護　　　　　　●ニオコロ・コバ国立公園（1954年、1969年）
管理　　　　　　●自然環境保護省（Ministry for the Environment and Protection of Nature）
利活用　　　　　●エコ・ツーリズム

危機遺産に登録された理由　密猟の横行、ダム建設計画
世界遺産を取り巻く脅威や危険
　　　　　　　　●人造湖やダムの建設計画
　　　　　　　　●鉱山開発
　　　　　　　　●採石
　　　　　　　　●密猟

備考　　　　　　ギニアのパディアール国立公園、パディアール生物圏保護区と隣接する。

参考URL　　　　http://whc.unesco.org/en/list/153

ニオコロ・コバ国立公園

アフリカ

北緯13度4分　西経12度43分

交通アクセス　● ダカールの東650km、車で約12時間。

アイルとテネレの自然保護区

アフリカ

登録遺産名	**Air and Tenere Natural Reserves**
遺産種別	**自然遺産**

登録基準　(vii) もっともすばらしい自然的現象、または、ひときわすぐれた自然美をもつ地域、及び、美的な重要性を含むもの。

(ix) 陸上、淡水、沿岸、及び、海洋生態系と動植物群集の進化と発達において、進行しつつある重要な生態学的、生物学的プロセスを示す顕著な見本であるもの。

(x) 生物多様性の本来的保全にとって、もっとも重要かつ意義深い自然生息地を含んでいるもの。これには、科学上、または、保全上の観点から、すぐれて普遍的価値をもつ絶滅の恐れのある種が存在するものを含む。

登録年月　1991年12月（第15回世界遺産委員会カルタゴ会議）
1992年12月（第16回世界遺産委員会サンタ・フェ会議）★【危機遺産】

登録遺産の面積　7,736,000ha（1,280,500haは厳正自然保護区）　　標高　400～800m

登録物件の概要 アイルとテネレの自然保護区は、ニジェールの北部、サハラ砂漠南部の一部区域をなすテネレ（トゥアレグ族の言葉で「砂漠」の意味）と、花崗岩質のアイル山地からなる荒涼とした北部乾燥地帯である。砂漠と山地との境目には、極く僅かであるが森林もある為、サル、レイヨウ類などの哺乳類が10種、鳥類が10種超、爬虫類が約20種など生物が多様で、1997年にはユネスコ生物圏保護区に指定されている。なかでも、アダックス、リムガゼル、バーバリシープなどの固有種や絶滅危惧種は貴重である。1992年に、武力紛争、内戦の理由から「危機にさらされている世界遺産リスト」に登録されたが、ニジェール政府やユネスコの努力で、次第に回復しつつある。

分類　　　　　　自然景観、生態系、生物多様性
生物地理地区　　Western Sahel/Sahara
IUCNの管理カテゴリー　Ia（Strict Nature Resrve）

物件所在地　　　ニジェール共和国／アガデス県
保護　　　　　　●アイルとテネレの自然保護区（RNNAT 1988年）
　　　　　　　　●アイルとテネレのアダックス保護区（1988年）
　　　　　　　　●ユネスコ　人間と生物圏保護区（1997年）
管理　　　　　　●環境砂漠化対策省（MELCD）
利活用　　　　　●エコ・ツーリズム

危機遺産に登録された理由　武力紛争、内戦
世界遺産を取り巻く脅威や危険
　　　　　　　　●密猟

備考　　　　　　アイルには、太古に描かれた岩壁画や貴重な考古学遺跡が残されているので、これらの文化遺産を含めて複合遺産への登録準備が進められている。
尚、テネレの写真は、ユネスコ・ニジェール政府代表部のご厚意によりお借りしたものです。

参考URL　　　　**http://whc.unesco.org/en/list/573**

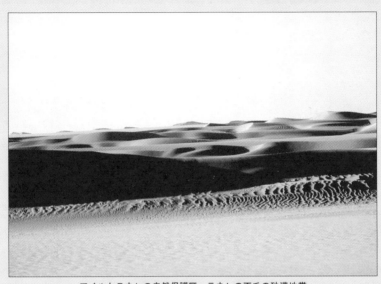

アイルとテネレの自然保護区　テネレの不毛の砂漠地帯

アフリカ

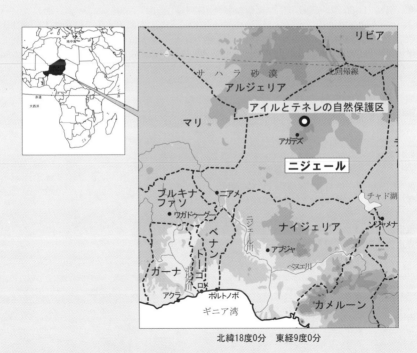

北緯18度0分　東経9度0分

交通アクセス　●ニアメ、或は、アガデスから車。

ニンバ山厳正自然保護区

登録遺産名		**Mount Nimba Strict Nature Reserve**
遺産種別		**自然遺産**
登録基準	(ix)	陸上、淡水、沿岸、及び、海洋生態系と動植物群集の進化と発達において、進行しつつある重要な生態学的、生物学的プロセスを示す顕著な見本であるもの。
	(x)	生物多様性の本来的保全にとって、もっとも重要かつ意義深い自然生息地を含んでいるもの。これには、科学上、または、保全上の観点から、すぐれて普遍的価値をもつ絶滅の恐れのある種が存在するものを含む。

登録年月　　　　1981年10月（第 5回世界遺産委員会シドニー会議）ギニア側
　　　　　　　　1982年12月（第 6回世界遺産委員会パリ会議）コートジボワール側追加
　　　　　　　　1992年12月（第16回世界遺産委員会サンタ・フェ会議）★【危機遺産】

登録遺産の面積　ギニア側　自然保護区 13,000ha、生物圏保護区 17,130ha
　　　　　　　　コートジボワール側　自然保護区 5,000ha
　　　　　　　　標高　450m～1,752m　（Mont Richard Molard）

登録物件の概要　ニンバ山厳正自然保護区は、ギニア、コートジボワール、リベリアの3国にまたがる総面積220k㎡の熱帯雨林の自然保護区。西アフリカで最も高い標高1752mのニンバ山を中心にマホガニーなど原始の広大な密林が広がる為、この地固有のネズミ科の哺乳類や珍しい昆虫類、貴重な地衣類、真菌類、コケ類などの植物も豊富で、1980年にはギニア側のニンバ山はユネスコのMAB生物圏保護区に指定されている。1992年に、鉄鉱山開発、難民流入、森林伐採、不法放牧、河川の汚染の理由で「危機にさらされている世界遺産リスト」に登録された。京都大学霊長類研究所が「西および東アフリカに生息する大型類人猿の行動・生態学の研究」の為、ニンバ山やボッソウのチンパンジー生息地についても調査を行っている。

分類　　　　　　生態系、生物多様性
生物地理地区　　Guinean Rain Forest、West African Woodland Savanna
IUCNの管理カテゴリー　Ia（Strict Nature Resrve）

物件所在地　　　ギニア共和国／ン・ゼレコア州ローラ県
　　　　　　　　コートジボワール共和国／十八山州ビアンクマ県
保護　　　　　　●ニンバ山厳正自然保護区
管理　　　　　　●ニンバ山環境管理センター（CEGEN）

危機遺産に登録された理由　　鉄鉱山開発、難民流入、森林伐採、不法放牧、河川の汚染
世界遺産を取り巻く脅威や危険
　　　　　　　　●火災

備考　　　　　　●厳正自然保護区の為、一般の立ち入りは禁止されている。

参考URL　　　　http://whc.unesco.org/en/list/155

アフリカ

聖域にも入植が進むニンバ山厳正自然保護区（ギニア側）

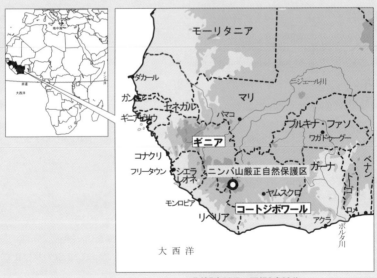

北緯7度36分　西経8度23分

交通アクセス　●ローラから車。

マノヴォ・グンダ・サン・フローリス国立公園

登録遺産名	**Manovo-Gounda St.Floris National Park**
遺産種別	**自然遺産**

登録基準　(ix) 陸上、淡水、沿岸、及び、海洋生態系と動植物群集の進化と発達において、進行しつつある重要な生態学的、生物学的プロセスを示す顕著な見本であるもの。

　　　　　　(x) 生物多様性の本来的保全にとって、もっとも重要かつ意義深い自然生息地を含んでいるもの。これには、科学上、または、保全上の観点から、すぐれて普遍的価値をもつ絶滅の恐れのある種が存在するものを含む。

登録年月　1988年12月（第12回世界遺産委員会ブラジリア会議）
　　　　　　1997年12月（第21回世界遺産委員会ナポリ会議）★【危機遺産】

登録遺産の面積　1,740,000ha　　標高　400m〜800m

登録物件の概要　マノヴォ・グンダ・サン・フローリス国立公園は、中央アフリカの北部にある1933年に設定された総面積17400km²の国立公園。北からアウク川沿いの広大な草原地帯、サバンナ地帯、険しい砂岩のボンゴ山岳地帯からなる為に、アフリカゾウ、アフリカ・スイギュウ、ライオン、チータ、キリン、カバ、クロサイ、カモシカなどの大型哺乳類が約60種、モモイロペリカン、ワシ、タカ、オオシラサギなどの鳥類が約320種、植物が1200種など豊かな動物相と植物相が見られる。ゾウやスイギュウの密猟があとを絶たず、1997年に「危機にさらされている世界遺産リスト」に登録された。その後も治安の悪化、密猟、密漁、放牧、マノヴォ川沿いでの鉱山開発などの脅威や危険は後を断たない。

分類	生態系、生物多様性
生物地理地区	West African Woodland/savanna
IUCNの管理カテゴリー	II（National Park）

物件所在地	中央アフリカ共和国／バミンギ・バンゴラン県
保護	●マノヴォ・グンダ・サン・フローリス国立公園（1933年指定）
管理	●環境省（Ministry of Environment, Water Resources and Forestry）
利活用	●エコ・ツーリズム

危機遺産に登録された理由　密猟、放牧、治安の悪化
世界遺産を取り巻く脅威や危険
　　　　　　●火災

備考　マノヴォ・グンダ・サン・フローリス国立公園への近隣国からの武装グループ侵入被害が拡大している。事態を沈静化する為のUNESCO及びIUCNからのミッションが派遣されている。

参考URL　http://whc.unesco.org/en/list/475

マノヴォ・グンダ・サン・フローリス国立公園の住人アフリカ・ゾウ

北緯9度0分　東経21度30分

交通アクセス　●バンギからチャーター・フライト。

ヴィルンガ国立公園

アフリカ

登録遺産名	**Virunga National Park**
遺産種別	**自然遺産**

登録基準 (vii) もっともすばらしい自然的現象、または、ひときわすぐれた自然美をもつ地域、及び、美的な重要性を含むもの。

(viii) 地球の歴史上の主要な段階を示す顕著な見本であるもの。これには、生物の記録、地形の発達における重要な地学的進行過程、或は、重要な地形的、または、自然地理的特性などが含まれる。

(x) 生物多様性の本来的保全にとって、もっとも重要かつ意義深い自然生息地を含んでいるもの。これには、科学上、または、保全上の観点から、普遍的価値をもつ絶滅の恐れのある種が存在するものを含む。

登録年月 1979年10月（第3回世界遺産委員会ルクソール会議）
1994年12月（第18回世界遺産委員会プーケット会議）★【危機遺産】

登録遺産の面積 790,000ha（ルウェンゾリ山地国立公園（99,600ha）、ウガンダ・火山国立公園（15,000ha）、ルワンダと近接） 標高 798m

登録物件の概要 ヴィルンガ国立公園（旧アルベール国立公園）は、赤道直下の熱帯雨林帯から5110mのルウェンゾリ山迄の多様な生態系を包含し、ルワンダとウガンダの国境沿いに南北約300km、東西約50kmにわたって広がる1925年に指定されたアフリカ最古の国立公園で、鳥類も豊富であり、ラムサール条約の登録湿地にもなっている。ヴィルンガ山脈を越えると南方にはキブ湖が広がり風光明媚。大型霊長類のマウンテン・ゴリラの聖域で、ジョンバ・サンクチュアリは、その生息地であるが、密猟などで絶滅危惧種となっている。また、中央部のエドワード湖には、かつては20000頭のカバが生息していたが、現在は800頭ほどにも激減している。難民流入、密猟などにより1994年に「危機にさらされている世界遺産リスト」に登録された。2008年10月、北キヴ州での政府軍と反政府勢力との衝突激化で、マウンテン・ゴリラの生息地も被害を受けた。2007年の第31回世界遺産委員会で監視強化メカニズムが適用された。

分類	自然景観、地形・地質、生物多様性
生物地理地区	Central African Highlands
IUCNの管理カテゴリー	II（National Park）

物件所在地	コンゴ民主共和国／北キヴ州、オー・ザイール州
保護	●ヴィルンガ国立公園（1925年指定）
管理	●コンゴ自然保護協会
利活用	●エコ・ツーリズム

危機遺産に登録された理由 地域紛争、難民流入、密猟
世界遺産を取り巻く脅威や危険
●火災

参考URL http://whc.unesco.org/en/list/63
http://www.iccn.cd/index.php（コンゴ自然保護協会）

アフリカ

アフリカ最古の国立公園であるヴィルンガ国立公園
に生息するカバの群（hippopotamuses）

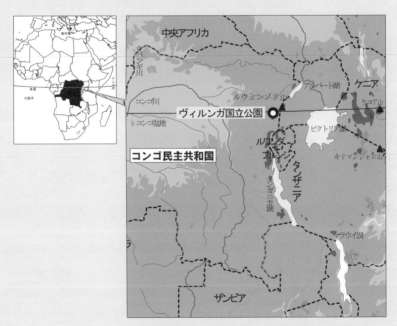

北緯0度55分〜南緯1度35分　東経29度10分〜30度00分

交通アクセス　　●キソロ、或は、ブカブから。

ガランバ国立公園

登録遺産名	**Garamba National Park**
遺産種別	**自然遺産**

登録基準　(vii) もっともすばらしい自然的現象、または、ひときわすぐれた自然美をもつ地域、及び、美的な重要性を含むもの。

　　　　　(x) 生物多様性の本来的保全にとって、もっとも重要かつ意義深い自然生息地を含んでいるもの。これには、科学上、または、保全上の観点から、普遍的価値をもつ絶滅の恐れのある種が存在するものを含む。

登録年月　　1980年 9月（第4回世界遺産委員会パリ会議）
　　　　　　1984年11月（第8回世界遺産委員会ブエノスアイレス会議）★【危機遺産】
　　　　　　1992年12月（第16回世界遺産委員会サンタ・フェ会議）【危機遺産解除】
　　　　　　1996年12月（第20回世界遺産委員会メリダ会議）★【危機遺産】

登録遺産の面積　492,000ha　　標高　710m～1,061m

登録物件の概要　ガランバ国立公園は、コンゴ民主共和国の北東部、スーダンとの国境の白ナイル川上流に広がる一大サバンナ地帯。1938年に国立公園に指定された標高800m前後のガランバ国立園内には、アカ川やガランバ川が流れ、森や沼が点在する。典型的なサバンナ気候で、スーダンとコンゴにしかいない絶滅の危機にさらされているキタシロサイ、また、キリン、アフリカゾウ、カバなどの大型哺乳動物の生息に適している。キタシロサイなどの密猟がたえず1984年に「危機にさらされている世界遺産」に登録されたが、当局が密猟者対策を講じ、十分な成果を挙げることに成功、1992年に危機遺産リストから解除された。しかし、その後ウガンダ反政府武装組織「神の抵抗軍」（LRA）や難民の流入、国内の治安の悪化などによって、キタシロサイの密猟が再発、1996年に再び「危機にさらされている世界遺産」に登録された。2007年の第31回世界遺産委員会で監視強化メカニズムが適用された。

分類	自然景観、生物多様性
生物地理地区	East African Woodland/Savanna
IUCNの管理カテゴリー	II（National Park）

物件所在地	コンゴ民主共和国／オー・ザイール州
保護	●ガランバ国立公園（1938年指定）
管理	●コンゴ自然保護協会
利活用	●エコ・ツーリズム

危機遺産に登録された理由　密猟、内戦、政情不安、森林破壊など
世界遺産を取り巻く脅威や危険
　　　　　　　　●火災

参考URL　　http://whc.unesco.org/en/list/136
　　　　　　http://www.iccn.cd/index.php （コンゴ自然保護協会）

アフリカ

ガランバ国立公園　常に密猟の対象とされてきたキタシロサイ

北緯4度0分　東経29度15分

交通アクセス　●ガランバ国立公園の入口はナゲロ。

カフジ・ビエガ国立公園

登録遺産名 **Kahuji-Biega National Park**

遺産種別 **自然遺産**

登録基準 (x) 生物多様性の本来的保全にとって、もっとも重要かつ意義深い自然生息地を含んでいるもの。これには、科学上、または、保全上の観点から、普遍的価値をもつ絶滅の恐れのある種が存在するものを含む。

登録年月 1980年 9月（第4回世界遺産委員会パリ会議）
1997年12月（第21回世界遺産委員会ナポリ会議）★【危機遺産】

登録遺産の面積 600,000ha　　**標高** 600〜3,308m（カフジ山）

登録物件の概要 カフジ・ビエガ国立公園は、ルワンダとの国境にあるキブ湖の西岸にある。地名の由来が示すように、カフジ山(3,308m)とビエガ山(2,790m)の高山性熱帯雨林と竹の密林、沼地、泥炭湿原の特徴をもつ。1970年に国立公園に指定されたのは絶滅が危惧されている固有種のヒガシローランド・ゴリラの保護が目的であったが、国立公園内にはチンパンジー、ヒョウ、サーバルキャット、マングース、ゾウ、アフリカ・スイギュウや多くの鳥類も生息している。1997年、密猟、地域紛争、難民流入、過剰伐採に森林破壊などの理由で「危機にさらされている世界遺産」に登録された。2007年の第31回世界遺産委員会で、ルワンダ解放民主軍（FDLR）やコルタン鉱石の採掘などに対する政府の対応など監視強化メカニズムが適用された。

分類 生物多様性
生物地理地区 Central African Highlands
IUCNの管理カテゴリー II（National Park）

物件所在地 コンゴ民主共和国／南キヴ州
保護 ●カフジ・ビエガ国立公園（1970年指定）
管理 ●コンゴ自然保護協会
利活用 ●エコ・ツーリズム

危機遺産に登録された理由 密猟、地域紛争、難民流入、過剰伐採に森林破壊、農地開拓、病気感染
世界遺産を取り巻く脅威や危険
●火災

参考URL http://whc.unesco.org/en/list/137
http://www.iccn.cd/index.php（コンゴ自然保護協会）

カフジ・ビエガ国立公園のゴリラ

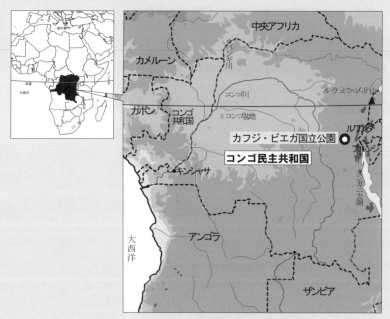

南緯2度30分　東経28度45分

交通アクセス　　●ブカヴから車。

サロンガ国立公園

登録遺産名	**Salonga National Park**
遺産種別	**自然遺産**

登録基準 (vii) もっともすばらしい自然的現象、または、ひときわすぐれた自然美をもつ地域、及び、美的な重要性を含むもの。

(ix) 陸上、淡水、沿岸、及び、海洋生態系と動植物群集の進化と発達において、進行しつつある重要な生態学的、生物学的プロセスを示す顕著な見本であるもの。

登録年月 1984年10月 （第8回世界遺産委員会ブエノスアイレス会議）
1999年12月 （第20回世界遺産委員会メリダ会議）★【危機遺産】

登録遺産の面積 3,600,000ha　**標高** 350～700m

登録物件の概要 サロンガ国立公園は、コンゴ民主共和国中央部のコンゴ盆地にあり、コンゴ川、ロメラ川、サロンガ川などの河川が流れている。サロンガ国立公園は、コンゴ民主共和国最大の国立公園で、アフリカの国立公園の中でも第2位の規模を誇る。サロンガ国立公園は、赤道直下に広がる熱帯原生林を保護する為に1970年に国立公園に指定された。高温多湿の深い密林、それにロメラ川の急流が、ピグミー・チンパンジーのボノボ、オカピ、クロコダイル、コンゴクジャク、ボンゴ、センザンコウなど貴重な動植物の保護に役立っている。 1999年に密猟や住宅建設などの都市化が進行し、「危機にさらされている世界遺産リスト」に登録された。2007年の第31回世界遺産委員会で監視強化メカニズムが適用された。

分類	自然景観、生態系
生物地理地区	Congo Rain Forest
IUCNの管理カテゴリー	II （National Park）

物件所在地	コンゴ民主共和国／赤道州、バンドゥンドゥ州、西カサイ州
保護	●サロンガ国立公園 （1970年指定）
管理	●コンゴ自然保護協会

危機遺産に登録された理由 密猟、住宅建設などの都市化の進行
世界遺産を取り巻く脅威や危険
　　　　　　　●火災

備考 観光客は立ち入りが禁止されている。

参考URL http://whc.unesco.org/en/list/280
http://www.iccn.cd/index.php （コンゴ自然保護協会）

コンゴ民主共和国最大の国立公園であるサロンガ国立公園に生息するクロコダイル

南緯2度0分　東経21度0分

交通アクセス　　●観光客は立ち入りが禁止されている。

オカピ野生動物保護区

登録遺産名	**Okapi Wildlife Reserve**
遺産種別	**自然遺産**

登録基準　(x) 生物多様性の本来的保全にとって、もっとも重要かつ意義深い自然生息地を含んでいるもの。これには、科学上、または、保全上の観点から、普遍的価値をもつ絶滅の恐れのある種が存在するものを含む。

登録年月　1996年12月 （第20回世界遺産委員会メリダ会議）
　　　　　1997年12月 （第21回世界遺産委員会ナポリ会議） ★【危機遺産】

登録遺産の面積　1,372,625ha　　**標高**　500m〜1,000mで地形は変化に富む

登録物件の概要　オカピ野生動物保護区は、コンゴ民主共和国の北東部、エプル川沿岸の森林地帯にある。オカピ野生動物保護区は、イトゥリの森と呼ばれるコンゴ盆地東端部のアフリカマホガニーやアフリカチークなど7,000種にのぼる樹種が繁る熱帯雨林丘陵地域の5分の1を占める。絶滅に瀕している霊長類や鳥類、そして、5,000頭の幻の珍獣といわれるオカピ（ウマとロバの中間ぐらいの大きさ）が生息している。また、イトゥリの滝やエプル川の景観も素晴らしく、伝統的な狩猟人種のピグミーのムブティ族やエフェ族の住居もこの野生動物保護区にある。森林資源の宝庫ともいえるイトゥリの森では、森林の伐採が進んでおり、伝統的な狩猟民や農耕民の生活にも大きな打撃を与えることが心配されている。オカピ野生動物保護区は、1997年に、武力紛争、森林の伐採、金の採掘、密猟などの理由で「危機にさらされている世界遺産リスト」に登録され、2007年の第31回世界遺産委員会では監視強化メカニズムが適用された。また、2012年6月24日に起きた密猟者によるレンジャーなど7人の殺害と保護事務所の破壊行為に対してユネスコは緊急アピールを採択、義援金の募集を開始した。

分類	生物多様性
生物地理地区	Congo Rain Forest
IUCNの管理カテゴリー	II （National Park）

物件所在地	コンゴ民主共和国／オー・ザイール州イトゥリ南部
保護	●オカピ野生動物保護区
管理	●コンゴ自然保護協会
利活用	●エコ・ツーリズム

危機遺産に登録された理由　武力紛争、森林の伐採、金の採掘、密猟
世界遺産を取り巻く脅威や危険
　　　　　●火災

参考URL　　http://whc.unesco.org/en/list/718
　　　　　http://www.iccn.cd/index.php （コンゴ自然保護協会）

アフリカ

幻の珍獣といわれるキリン科の動物オカピ　（写真提供）酒井俊克氏

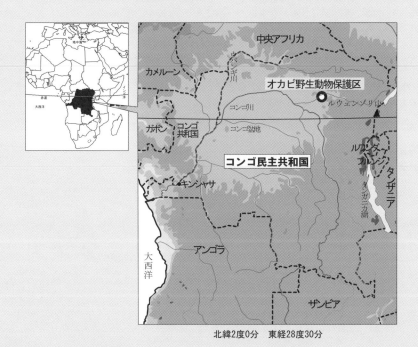

北緯2度0分　東経28度30分

交通アクセス　●ブニア、或は、ベニから車。

カスビのブガンダ王族の墓

アフリカ

登録遺産名	**Tombs of Buganda Kings at Kasubi**
遺産種別	**文化遺産**

登録基準　(i) 人類の創造的天才の傑作を表現するもの。
(iii) 現存する、または、消滅した文化的伝統、または、文明の、唯一の、または、少なくとも稀な証拠となるもの。
(iv) 人類の歴史上重要な時代を例証する、ある形式の建造物、建築物群、技術の集積、または、景観の顕著な例。
(vi) 顕著な普遍的な意義を有する出来事、現存する伝統、思想、信仰、または、芸術的、文学的作品と、直接に、または、明白に関連するもの。

登録年月　2001年12月（第25回世界遺産委員会ヘルシンキ会議）
2010年 7月（第34回世界遺産委員会ブラジリア会議）★【危機遺産】

登録遺産の面積　27ha

登録物件の概要　カスビのブガンダ王族の墓は、首都カンパラの郊外5kmにあるカスビ丘陵の斜面にあり、30haの敷地を擁する。ウガンダは総人口の大半を農耕民であるバンツー系のバガンダ族が占めている。15世紀には、ブニョロキタラ系住民を中心に、現在の首都カンパラを都とする「ブガンダ王国」が形成され、19世紀に隆盛を極めた。ブガンダは、ウガンダの中南部の歴史的地域で、バガンダ族の国を意味する。カスビのブガンダ王族の墓は、歴史的、伝統的、そして精神的な価値をもつ顕著な事例の一つであり、1880年代以来、歴代ブガンダ王の埋葬の場所となっている。墓の形は円錐状で、木、わらぶき、葦、網代、しっくいなどの材料で造られている。カスビのブガンダ王族の墓は、国民の信仰など精神的な中心地であり、また、ウガンダ、そして、東部アフリカの重要な歴史的、文化的なシンボルの役目も果たしている。2010年3月16日、歴代国王の4つの墓を含むムジブ・アザーラ・ムパンガの建物が火災で焼失、2010年の第34回世界遺産委員会ブラジリア会議で、「危機にさらされている世界遺産リスト」に登録された。ユネスコの支援で、再建が進められる。

分類	遺跡
物件所在地	ウガンダ共和国／中央地域カンパラ県
構成資産	●ムテサ1世（1825〜1884年）の墓
	●ワンガ2世（1867〜1903年）の墓
	●ダウディ・チェワ2世（1896〜1939年）の墓
	●エドワード・ムテサ2世（1924〜1969年）の墓
保護	●史跡法（1967年）
管理	●ブガンダ遺産遺跡委員会
利活用	●観光

危機遺産に登録された理由　歴代国王の4つの墓を含むムジブ・アザーラ・ムパンガの建物の火災での焼失。

備考　日本政府は、2013年から「カスビ王墓再建事業」（リスク管理及び火災防止、藁葺き技術調査、能力形成）にユネスコ文化遺産保存日本信託基金を通じて資金供与している。

参考URL　**http://whc.unesco.org/en/list/1022**

アフリカ

カスビのブガンダ王族の墓

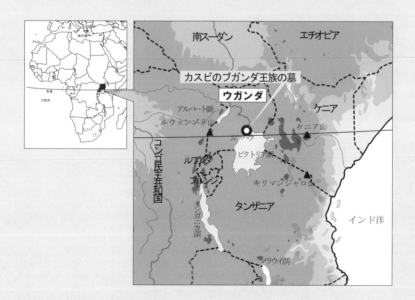

交通アクセス　● 首都カンパラから車。

ツルカナ湖の国立公園群

アフリカ

登録遺産名   **Lake Turkana National Parks**

遺産種別   **自然遺産**

登録基準 (viii) 地球の歴史上の主要な段階を示す顕著な見本であるもの。これには、生物の記録、地形の発達における重要な地学的進行過程、或は、重要な地形的、または、自然地理的特性などが含まれる。

     (x) 生物多様性の本来的保全にとって、もっとも重要かつ意義深い自然生息地を含んでいるもの。これには、科学上、または、保全上の観点から、普遍的価値をもつ絶滅の恐れのある種が存在するものを含む。

登録年月   1997年12月 （第21回世界遺産委員会ナポリ会議）
1997年12月 2001年12月 （第25回世界遺産委員会ヘルシンキ会議）
2018年7月 （第42回世界遺産委員会マナーマ会議）★【危機遺産】

登録遺産の面積   コア・ゾーン 161,485 ha

登録物件の概要   ツルカナ湖の国立公園群は、ケニア北部の「黒い水」と呼ばれるツルカナ湖の東海岸にあり、シビロイ国立公園、セントラル・アイランド国立公園、サウス・アイランド国立公園の構成資産からなる。アフリカ大地溝帯にあり、ナイルスズキや多くの鳥類が棲むツルカナ湖の生態系や生息環境は、動植物の貴重な研究地区となっている。また、この湖はナイル・ワニやカバの繁殖地で、1970年代に哺乳類の化石等が発見され、湖底の古代環境の研究も進められている。2001年に登録範囲をサウス・アイランド国立公園も含め、以前の「シビロイ／セントラル・アイランド国立公園」（1997年12月登録）から登録名称も変更になった。2018年の第42回世界遺産委員会マナーマ会議で、エチオピアのギベⅢ（GibeⅢ）ダム建設による湖面水位の低下と塩分濃度の上昇により生態系が破壊される危惧があることから「危機遺産リスト」に登録された。

分類   地形・地質、生物多様性

物件所在地   マルサビット・カウンティ

構成資産   ●シビロイ国立公園
●セントラル・アイランド国立公園
●サウス・アイランド国立公園
保護   ●シビロイ国立公園
●セントラル・アイランド国立公園
●サウス・アイランド国立公園
管理   ●ケニアワイルドライフサービス
利活用   ●観光

危機遺産に登録された理由   エチオピアのギベⅢ（GibeⅢ）ダム建設による湖面水位の低下と塩分濃度の上昇により生態系が破壊される危惧があることから「危機遺産リスト」に登録された。

参考URL   http://whc.unesco.org/en/list/801

ツルカナ湖

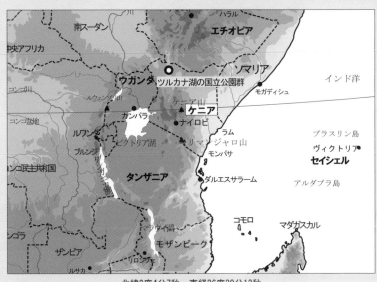

北緯3度4分7秒　東経36度30分13秒

アフリカ

交通アクセス　●マルサビットへはナイロビから約550km、車で約7～8時間。

セルース動物保護区

登録遺産名	**Selous Game Reserve**
遺産種別	**自然遺産**
登録基準	(ix) 陸上、淡水、沿岸、及び、海洋生態系と動植物群集の進化と発達において、進行しつつある重要な生態学的、生物学的プロセスを示す顕著な見本であるもの。
	(x) 生物多様性の本来的保全にとって、もっとも重要かつ意義深い自然生息地を含んでいるもの。これには、科学上、または、保全上の観点から、すぐれて普遍的価値をもつ絶滅の恐れのある種が存在するものを含む。
登録年月	1982年12月（第6回世界遺産委員会パリ会議） 2014年6月（第38回世界遺産委員会ドーハ会議）★【危機遺産】
登録遺産の面積	5,120,000ha　　バッファー・ゾーン　21,492ha

アフリカ

登録物件の概要 セルース動物保護区は、タンザニアの南東部、コースト、モロゴロ、リンディ、ムトワラ、ルヴマの各地方にまたがる登録面積が約4,480,000haのアフリカ最大級の人跡未踏の動物保護区である。セルース動物保護区には、アフリカ・ゾウ、ライオン、アフリカスイギュウ、レイヨウ、サイ、カバ、ワニなどの草食・肉食・水辺の動物が多数生息し、その生物多様性を誇る。セルース動物保護区は、豊富な餌を確保し易い様に、猛禽類のワシやタカも多い、文字通り、野生の王国である。しかしながら、世界遺産登録範囲内で進行中の鉱物探査、計画中の石油探査などの活動、潜在的なダム・プロジェクトなどの脅威や危険にさらされている。なかでも、見境のない密猟による象やサイなど野生動物の個体数が激減していることから、2014年の第38回世界遺産委員会ドーハ会議で、「危機にさらされた世界遺産リスト」に登録された。

分類	生態系、生物多様性
生物地理地区	Miombo Woodland／savana
IUCNの管理カテゴリー	IV（habitat/species management area）
物件所在地	タンザニア連合共和国／プワニ州、モロゴロ州、リンディ州、ムトワラ州、ルヴマ州
保護	●セルース動物保護区　1922年（野生生物保護法1974年／1978年） ●ウズングワ山国立公園　1994年
管理	●天然資源・観光省、タンザニア野生生物管理局 (TAWA)
利活用	●サファリ ●エコツーリズム

危機遺産に登録された理由　見境のない密猟
世界遺産を取り巻く脅威や危険
　　　　　　　●密猟　●観光圧力　●外来種の侵入　●ムクジュ川でのウラン鉱山開発
　　　　　　　●キドゥンダ・ダム開発

課題	●バッファー・ゾーンの設定 ●エレファント（象）緊急プロジェクト(SEEP) ●エコ・システムの改善
参考URL	http://whc.unesco.org/en/list/199

印象的なボラサス椰子とカバ、ワニ、水鳥などのボートサファリを楽しめるルフィジ川

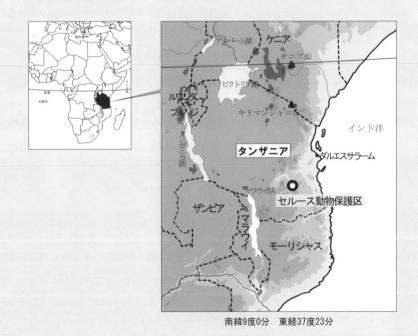

南緯9度0分　東経37度23分

交通アクセス　●ダルエスサラームから車で約7時間。

アツィナナナの雨林群

アフリカ

登録遺産名	**Rainforests of the Atsinanana**
遺産種別	**自然遺産**
登録基準	(ix) 陸上、淡水、沿岸、及び、海洋生態系と動植物群集の進化と発達において、進行しつつある重要な生態学的、生物学的プロセスを示す顕著な見本であるもの。
	(x) 生物多様性の本来的保全にとって、もっとも重要かつ意義深い自然生息地を含んでいるもの。これには、科学上、または、保全上の観点から、すぐれて普遍的価値をもつ絶滅の恐れのある種が存在するものを含む。
登録年月	2007年7月（第31回世界遺産委員会クライスト・チャーチ会議）
	2010年7月（第34回世界遺産委員会ブラジリア会議）★【危機遺産】
登録遺産の面積	479,661ha

登録物件の概要 アツィナナナの雨林群は、マダガスカル島の東部にある自然公園で、南北1200kmの範囲に展開する登録面積479661haの雨林。マダガスカル最大のマソアラ国立公園、新種オオタケキツネザルの保護を目的としたラノマファナ国立公園、南回帰線以南では珍しい多雨林を含むアンドハヘラ国立公園、それに、ザハメナ国立公園、マロジェジイ国立公園などの6つの国立公園が登録された。アツィナナナの雨林群は、進行しつつある重要な生態学的、生物学的プロセスを示す顕著な見本であると同時に、少なくとも25種のキツネザルなどの絶滅危惧種を含む生物多様性の保全にとって重要な自然生息地であることが評価された。しかしながら、違法な伐採、絶滅危惧種のキツネザルの狩猟の横行などから、2010年の第34回世界遺産委員会ブラジリア会議で、「危機にさらされている世界遺産リスト」に登録された。

分類	生態系、生物多様性
生物地理地区	Malagasy Rainforest, Malagasy Woodland/Savanna, Malagasy Thorn Forest
IUCNの管理カテゴリー	II（National Park）
物件所在地	マダガスカル共和国／サヴァ地区、アラオトラ・マゴンロ地区、ヴァトヴァヴィー・フィトヴィナニー地区、イホロンベ地区、アヌシ地区
構成資産	●マロジェジイ国立公園　サヴァ地区
	●マソアラ国立公園　サヴァ地区
	●ザハメナ国立公園　アラオトラ・マゴンロ地区
	●ラノマファナ国立公園　ヴァトヴァヴィー・フィトヴィナニー地区
	●アンドリンギトラ国立公園　イホロンベ地区
	●アンドハヘラ国立公園　アヌシ地区
保護	●国立公園
管理	●環境省（Ministry of Environment）
利活用	●エコ・ツーリズム

危機遺産に登録された理由　違法な伐採、絶滅危惧種のキツネザルの狩猟の横行
世界遺産を取り巻く脅威や危険
　　　　　　　●違法な伐採
　　　　　　　●密猟

参考URL	http://whc.unesco.org/en/list/1257

アフリカ

アンドハヘラ国立公園　　写真：Geoffroy Mauvais, IUCN

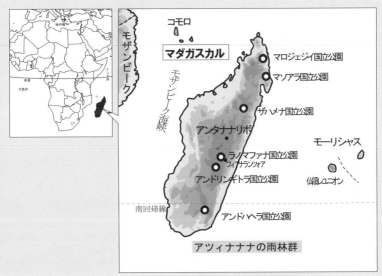

南緯14度27分35秒　東経49度42分9秒

交通アクセス　●ラノマファナ国立公園へは、フィラナランツォアから北東に65km。

キレーネの考古学遺跡

登録遺産名	**Archaeological Site of Cyrene**
遺産種別	**文化遺産**

登録基準　(ii) ある期間を通じて、または、ある文化圏において、建築、技術、記念碑的芸術、町並み計画、景観デザインの発展に関し、人類の価値の重要な交流を示すもの。
(iii) 現存する、または、消滅した文化的伝統、または、文明の、唯一の、または、少なくとも稀な証拠となるもの。
(vi) 顕著な普遍的な意義を有する出来事、現存する伝統、思想、信仰、または、芸術的、文学的作品と、直接に、または、明白に関連するもの。

登録年月　1982年12月（第6回世界遺産委員会パリ会議）
2016年10月（第40回世界遺産委員会パリ会議）★【危機遺産】

登録遺産の面積　コア・ゾーン　131.675 ha

登録物件の概要　キレーネの考古学遺跡は、リビアの東部海岸の山中にあるヘレニズム文化を今に伝える都市遺跡。キレーネは、紀元前7世紀頃にギリシャ人が北部アフリカに移住した際に、ギリシャ風の様式や文化を取り入れて建設した都市で、ゼウスを祀った北部アフリカ最大の神殿やキレーネ最古のアポロンの神殿、アゴラの広場、劇場、浴場などの遺跡が発掘されているほか、数か所に共同墓地も残っている。4世紀の地震、そして、7世紀には、イスラム・アラブ軍の侵攻に遭って、町は、砂の中に埋没してしまったが、18世紀初頭に発見され、一躍有名になった。2011年10月のカダフィ政権崩壊後、リビアは国家分裂状態になり、内戦や武装勢力によって遺跡や伝統的建築物などへの被害が拡大する恐れがあることから、2016年の第40回世界遺産委員会イスタンブール会議で、リビアの5件の文化遺産がすべて危機遺産リストに登録された。

分類　遺跡

物件所在地　キレイナカ地方ジャバル・アフダル県

保護　●考古遺物・博物館法（1994年）
管理　●リビア遺物省

利活用　●観光

危機遺産に登録された理由　2011年10月のカダフィ政権崩壊後、リビアは国家分裂状態になり、内戦や武装勢力によって遺跡や伝統的建築物などへの被害が拡大する恐れがあることから、2016年の第40回世界遺産委員会イスタンブール会議で、リビアの5件の文化遺産がすべて危機遺産リストに登録された。

参考URL　http://whc.unesco.org/en/list/190

キレーネの考古学遺跡

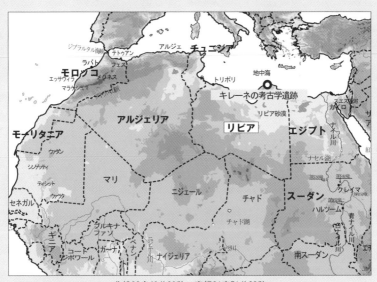

北緯32度49分30秒　東経21度51分29秒

交通アクセス　●ベイダから車。

レプティス・マグナの考古学遺跡

登録遺産名	**Archaeological Site of Leptis Magna**
遺産種別	**文化遺産**

登録基準　(i) 人類の創造的天才の傑作を表現するもの。
(ii) ある期間を通じて、または、ある文化圏において、建築、技術、記念碑的芸術、町並み計画、景観デザインの発展に関し、人類の価値の重要な交流を示すもの。
(iii) 現存する、または、消滅した文化的伝統、または、文明の、唯一の、または、少なくとも稀な証拠となるもの。

登録年月　1982年12月（第6回世界遺産委員会パリ会議）
2016年10月（第40回世界遺産委員会パリ会議）★【危機遺産】

登録遺産の面積　コア・ゾーン　387.485 ha

登録物件の概要　レプティスは、リビア北西部の地中海沿岸にフェニキア人が紀元前10世紀に建設した貿易中継地。ローマ帝国の支配下になり発展し、小神殿や闘技場、浴場などが建てられた。全盛期の2世紀末、セプティミウス・セウェルス帝の時代には、凱旋門、大会堂、列柱回廊、それにギリシャ神話に登場する怪物のメデューサなどが整備された。「偉大なるレプティス」という意味のレプティス・マグナと呼ばれるにふさわしい巨大で贅沢な都市は、ローマに匹敵するといわれた。7世紀以降、町は衰退し、砂に埋没したが、そのために装飾などの損傷が少なく、保存状態がよい。2011年10月のカダフィ政権崩壊後、リビアは国家分裂状態になり、内戦や武装勢力によって遺跡や伝統的建築物などへの被害が拡大する恐れがあることから、2016年の第40回世界遺産委員会イスタンブール会議で、リビアの5件の文化遺産がすべて危機遺産リストに登録された。

分類　遺跡

物件所在地　トリポリタニア地方ムルクブ県

保護　●考古遺物・博物館法（1994年）
管理　●リビア遺物省

利活用　●観光

危機遺産に登録された理由　2011年10月のカダフィ政権崩壊後、リビアは国家分裂状態になり、内戦や武装勢力によって遺跡や伝統的建築物などへの被害が拡大する恐れがあることから、2016年の第40回世界遺産委員会イスタンブール会議で、リビアの5件の文化遺産がすべて危機遺産リストに登録された。

参考URL　http://whc.unesco.org/en/list/183

レプティス・マグナの考古学遺跡

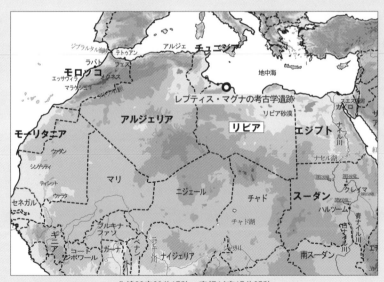

北緯32度38分17秒　東経14度17分35秒

交通アクセス　●トリポリの東130km。

サブラタの考古学遺跡

登録遺産名	**Archaeological Site of Sabratha**
遺産種別	**文化遺産**
登録基準	(iii) 現存する、または、消滅した文化的伝統、または、文明の、唯一の、または、少なくとも稀な証拠となるもの。
登録年月	1982年12月（第6回世界遺産委員会パリ会議） 2016年10月（第40回世界遺産委員会パリ会議）★【危機遺産】
登録遺産の面積	コア・ゾーン　90.534 ha

登録物件の概要　サブラタの考古学遺跡は、トリポリの西70kmのところにあるローマ遺跡。「サブラタ」とは、ベルベル語で「穀物市場」という意味。サブラタは、航海と貿易の民といわれ地中海貿易を牛耳っていたフェニキア人が、紀元前4世紀頃、中部アフリカの国々からの象牙、金、宝石、ダチョウの羽毛、それに、奴隷などの交易を行う為に建設した植民都市。その後、サブラタは、ローマ帝国の支配下となり再建された。リベル・パテル神殿、セラピス神殿、ヘラクレス神殿、イシス神殿、バシリカ式教会堂、マグナス邸のモザイク、カピトリウムの丘、浴場、そして、アフリカでは最大規模といわれる壮大な円形劇場などの遺跡が傷みながらも残っている。2011年10月のカダフィ政権崩壊後、リビアは国家分裂状態になり、内戦や武装勢力によって遺跡や伝統的建築物などへの被害が拡大する恐れがあることから、2016年の第40回世界遺産委員会イスタンブール会議で、リビアの5件の文化遺産がすべて危機遺産リストに登録された。

分類	遺跡
物件所在地	トリポリタニア地方ザーウィヤ県
保護 管理	●考古遺物・博物館法（1994年） ●リビア遺物省
利活用	●観光

危機遺産に登録された理由　2011年10月のカダフィ政権崩壊後、リビアは国家分裂状態になり、内戦や武装勢力によって遺跡や伝統的建築物などへの被害が拡大する恐れがあることから、2016年の第40回世界遺産委員会イスタンブール会議で、リビアの5件の文化遺産がすべて危機遺産リストに登録された。

参考URL	**http://whc.unesco.org/en/list/184**

サブラタの考古学遺跡

アラブ諸国

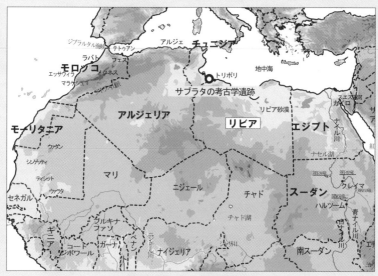

北緯32度48分19秒　東経12度29分6秒

交通アクセス　●トリポリの西70km。

タドラート・アカクスの岩絵

登録遺産名	**Rock Art Sites of Tadrart Acacus**
遺産種別	**文化遺産**
登録基準	(iii) 現存する、または、消滅した文化的伝統、または、文明の、唯一の、または、少なくとも稀な証拠となるもの。
登録年月	1985年12月 （第9回世界遺産委員会パリ会議） 2016年10月 （第40回世界遺産委員会パリ会議）★【危機遺産】
登録遺産の面積	コア・ゾーン　3,923,961 ha

登録物件の概要　タドラート・アカクスは、首都トリポリの南、約1000kmにわたって連なるタドラート・アカクス山脈の谷間にあるサハラ砂漠のフェザン地方にある。タドラート・アカクスには、約8000～2000年前の先史時代から受け継がれてきた岩絵が残されている。ゾウ、キリン、水牛、ウマ、レイヨウ、ダチョウ、羊、ラクダなどの絵は、現在のサハラ砂漠が当時はサバンナ地帯であり、狩猟や牧畜中心の生活が行われていたことを示す貴重なものである。2011年10月のカダフィ政権崩壊後、リビアは国家分裂状態になり、内戦や武装勢力によって遺跡や伝統的建築物などへの被害が拡大する恐れがあることから、2016年の第40回世界遺産委員会イスタンブール会議で、リビアの5件の文化遺産がすべて危機遺産リストに登録された。

分類	岩絵
物件所在地	ガート地方ガート県
保護 管理	●考古遺物・博物館法（1994年） ●リビア遺物省）
利活用	●観光

危機遺産に登録された理由　2011年10月のカダフィ政権崩壊後、リビアは国家分裂状態になり、内戦や武装勢力によって遺跡や伝統的建築物などへの被害が拡大する恐れがあることから、2016年の第40回世界遺産委員会イスタンブール会議で、リビアの5件の文化遺産がすべて危機遺産リストに登録された。

参考URL	**http://whc.unesco.org/en/list/287**

アラブ諸国

タドラート・アカクス

アラブ諸国

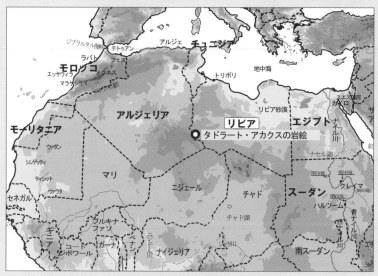

北緯24度49分59秒　東経10度19分59秒

交通アクセス　●首都トリポリの南、約1000km。

ガダミースの旧市街

登録遺産名	**Old Town of Ghadames**
遺産種別	**文化遺産**
登録基準	(v) 特に、回復困難な変化の影響下で損傷されやすい状態にある場合における、ある文化（または、複数の文化）を代表する伝統的集落、または、土地利用の顕著な例。
登録年月	1986年11月（第10回世界遺産委員会パリ会議） 2016年10月（第40回世界遺産委員会パリ会議）★【危機遺産】
登録遺産の面積	コア・ゾーン　38.4ha

登録物件の概要　ガダミースは、首都トリポリの南西400km、チュニジアとアルジェリアとの国境近くにある先住民のトゥアレグ族が開いたキャラバン・ルート上のオアシス都市。7世紀以降「砂漠の真珠」と呼ばれ、ローマ帝国の時代から、北部アフリカのトリポリとアフリカ内陸部のチャド湖方面を結ぶ交易で繁栄した。ビザンチン時代には、キリスト教が栄え、19世紀には、アラブ人の奴隷交易の中心地であった。テラスで繋がれた日干し煉瓦の上に、石灰を塗った白く厚い壁で覆われた不定形の密集したイスラム風の家々の町並みが旧市街の特徴。家の内部には、アラベスク模様の華麗な装飾や伝統工芸が施されている。2011年10月のカダフィ政権崩壊後、リビアは国家分裂状態になり、内戦や武装勢力によって遺跡や伝統的建築物などへの被害が拡大する恐れがあることから、2016年の第40回世界遺産委員会イスタンブール会議で、リビアの5件の文化遺産がすべて危機遺産リストに登録された。

分類	建造物群
物件所在地	トリポリタニア地方ナールート県
保護 管理	●考古遺物・博物館法（1994年） ●リビア遺物省
利活用	●観光

危機遺産に登録された理由　2011年10月のカダフィ政権崩壊後、リビアは国家分裂状態になり、内戦や武装勢力によって遺跡や伝統的建築物などへの被害が拡大する恐れがあることから、2016年の第40回世界遺産委員会イスタンブール会議で、リビアの5件の文化遺産がすべて危機遺産リストに登録された。

参考URL　　**http://whc.unesco.org/en/list/362**

ガダミース

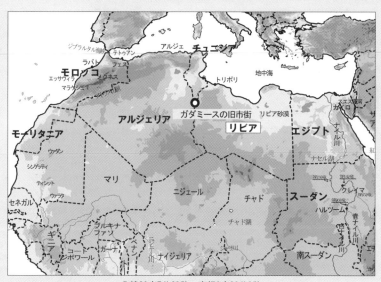

北緯30度7分60秒　東経9度30分0秒

交通アクセス　●首都トリポリの南西400km。

アブ・ミナ

登録遺産名	**Abu Mena**
遺産種別	**文化遺産**
登録基準	(iv) 人類の歴史上重要な時代を例証する、ある形式の建造物、建築物群、技術の集積、または、景観の顕著な例。
登録年月	1979年10月（第3回世界遺産委員会ルクソール会議） 2001年12月（第25回世界遺産委員会ヘルシンキ会議）★【危機遺産】
登録遺産の面積	182.72ha

登録物件の概要 アブ・ミナは、エジプト北西部、アレキサンドリアの南西部に位置するミリュート砂漠にあるエジプトで最も古いキリスト教都市の一つである。アブ・ミナは、3世紀にローマ帝国によってキリスト教の弾圧で殺された聖者メナス（285〜309年 Menas、或は、Mina アブ・ミナのAbuは、Father、或は、Saintという意味）を祀った場所で、そこから湧き出た水が病気を治すという奇跡に因んで、大聖堂が建設され、エルサレムと並ぶ世界的な巡礼地となった。そのことを示す、聖者メナスの名前や絵が彫られた土瓶がドイツのハイデベルク、イタリアのミラノ、クロアチアのダルマチア、フランスのマルセイユ、スーダンのデングラなど世界各地で、考古学者によって発見されている。アブ・ミナは、エジプトやエチオピアで独自の発展を遂げたキリスト教であるコプト教の最大の聖地であった。キリスト教がエジプトで栄えたのは7世紀までで、9世紀にはイスラム教徒の侵略で、大聖堂も廃墟と化した。20世紀初めに、千年にわたり砂に埋没していたアブ・ミナの遺構が発掘され、現在もドイツの考古学研究所などによって発掘が続けられている。アブ・ミナは、今では、エジプトの五大史跡の一つに数えられるに至っている。アブ・ミナは、灌漑など土地改良に伴う水面上昇による溢水などによる崩壊の危機から、2001年に「危機遺産にさらされている世界遺産リスト」に登録された。

分類	遺跡
年代区分	4世紀〜7世紀
ゆかりの人物	聖者メナス（285〜309年）
物件所在地	エジプト・アラブ共和国／アレクサンドリア県アル・イスカンダリア、バージュ・アル・アラブ、ミリュート砂漠
保護	●古物保護法発布に関する1983年法律第117号
管理	●文化省考古最高評議会
利活用	●観光

危機遺産に登録された理由 世界銀行の資金供与による農業開発の為の土地改良計画に伴う水面上昇による溢水などによる崩壊の危機。

世界遺産を取り巻く脅威や危険
- ●溢水
- ●観光圧力

備考	●世界遺産の登録面積、コア・ゾーンとバッファー・ゾーンとの境界が不明。 ●アブ・ミナから、約1kmの近いところにあるマリュートには、新しく建てられた聖ミナ修道院がある。 ●カイロにコプト博物館（Coptic Museum）がある。
参考URL	**http://whc.unesco.org/en/list/90**

アブ・ミナの遺構

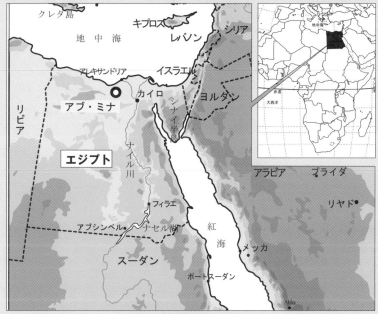

北緯30度51分　東経29度40分

交通アクセス　●アレクサンドリアから車で、約1時間30分。

ザビドの歴史都市

登録遺産名	**Historic Town of Zabid**	
遺産種別	**文化遺産**	

登録基準　(ii) ある期間を通じて、または、ある文化圏において、建築、技術、記念碑的芸術、町並み計画、景観デザインの発展に関し、人類の価値の重要な交流を示すもの。
(iv) 人類の歴史上重要な時代を例証する、ある形式の建造物、建築物群、技術の集積、または、景観の顕著な例。
(vi) 顕著な普遍的な意義を有する出来事、現存する伝統、思想、信仰、または、芸術的、文学的作品と、直接に、または、明白に関連するもの。

登録年月　1993年12月（第17回世界遺産委員会カルタヘナ会議）
2000年12月（第24回世界遺産委員会ケアンズ会議）★【危機遺産】

登録遺産の面積　コア・ゾーン　－ ha　　バッファー・ゾーン　－ ha

登録物件の概要　ザビドは、首都サナアの南西約160km、紅海に程近い涸川（ワディ）の川岸にある。ザビドの歴史都市には、819年に、ムハマド・イブン・シャードが、ザビドを首都とするイスラムの地方王朝シャード朝を建国し、アラブ初の大学（アル・アシャエル大学の前身）を建設した。13〜15世紀にはカイロ・アズハル大学に教師を派遣した程で、マドラサ（イスラム教の学校）やモスクが200以上建てられ、神学、医学、法学、歴史学、農学などを学ぶ5000人の学生がいたといわれる。城壁に囲まれた旧市街には、かつてマドラサだった平らな屋根で、石膏の幾何学模様のレリーフが壁に残るアシャエル・モスク、15世紀のナセル城などザビード様式の建築物が往時を偲ばせる。都市化、劣化、コンクリート建造物の増加の理由により、2000年に「危機にさらされている世界遺産リスト」に登録された。

分類　　　　　建造物群
年代区分　　　9世紀〜
ゆかりの人物　ムハマド・イブン・シャード

物件所在地　　イエメン共和国／ホデイダ地方ザビド
保護　　　　　●遺跡保存法（1973年）
管理　　　　　●文化観光省
利活用　　　　ザビド様式の建築物などの観光（平時）

危機遺産に登録された理由　都市化、劣化、コンクリート建造物の増加
世界遺産を取り巻く脅威や危険
　　　　　　　●地震

備考　　　　　ザビドについては、カナダのトロントにあるロイヤル・オンタリオ博物館（Royal Ontario Museum）のEdward J.Keall氏からも写真など情報提供を頂いた。ロイヤル・オンタリオ博物館は、イエメン学を研究しているアメリカのAmerican Institute for Yemeni Studies（AIYS）のメンバーで、ザビド・プロジェクトのカナダ考古学ミッションとして、国際協力を行っている。
参考URL　　　**http://whc.unesco.org/en/list/611**

建物の劣化が進むザビドの歴史都市

アラブ諸国

北緯14度11分　東経43度19分

交通アクセス　●ホデイダから車。

サナアの旧市街

アラブ諸国

登録遺産名	**Old City of Sana'a**
遺産種別	**文化遺産**

登録基準

(iv) 人類の歴史上重要な時代を例証する、ある形式の建造物、建築物群、技術の集積、または、景観の顕著な例。

(v) 特に、回復困難な変化の影響下で損傷されやすい状態にある場合における、ある文化（または、複数の文化）を代表する伝統的集落、または、土地利用の顕著な例。

(vi) 顕著な普遍的な意義を有する出来事、現存する伝統、思想、信仰、または、芸術的、文学的作品と、直接に、または、明白に関連するもの。

登録年月　　1986年11月 （第10回世界遺産委員会パリ会議）
　　　　　　　2015年 6月 （第39回世界遺産委員会ボン会議） ★【危機遺産】

登録遺産の面積　コア・ゾーン － ha　　　バッファー・ゾーン － ha

登録物件の概要　サナアは、標高2150mの高原地帯にあるイエメンの首都。アラビア文明発祥の地として、人が住んでいる町としては最古の都市といわれる。紀元前10世紀頃、シバ王国の支配のもと、商業都市として栄え、1世紀頃には、ヒムヤル王国のグムダーン巨城があったとの記録がある。その後エチオピア、ビザンチン、オスマントルコなどが支配した。サナアの町の中心部にあるタハリール広場の東側の旧市街には、グレイト・モスクなどモスクが103、塔が64、隊商宿が14、浴場が12、古い家屋が6500棟、スーク（市場）、イエメン門（バーバルヤマン）などが残っている。なかでもアドベと呼ばれる日干し煉瓦と玄武岩、花崗岩で積み上げた家屋は、20〜50mの高層で、格式により高さ、壁の装飾が異なり、幻想的な町の風景となっている。伝統的な中世のアラブ世界が色濃く漂うサナアは、現在もイエメン最大の都市で、政治、経済、商業、文化の中心である。イエメンは、2015年3月以降、ハディ政権とイスラム教シーア派武装組織フーシとの戦闘が激化、フーシに対するサウジアラビア主導の連合軍による旧市街への空爆によって一部が損壊、2015年の第39回世界遺産委員会ボン会議で、「危機にさらされている世界遺産リスト」に登録された。

分類	建造物群
年代区分	紀元前10世紀頃

物件所在地	イエメン共和国／サナア
保護	文化・旅行省 （Ministere de la Culture et du Turisme）
管理	文化・旅行省 （Ministere de la Culture et du Turisme）
利活用	観光 （平時）

危機遺産に登録された理由
　　　　　　　ハディ政権とイスラム教シーア派との戦闘激化、空爆による遺産の損壊
世界遺産を取り巻く脅威や危険
　　　　　　　●紛争や戦争

備考	イエメン歴史都市保全組織
	（General Organization for the Preservation of the Historic Cities of Yemen（GOPHCY））
参考URL	http://whc.unesco.org/en/list/385

サナアの旧市街

アラブ諸国

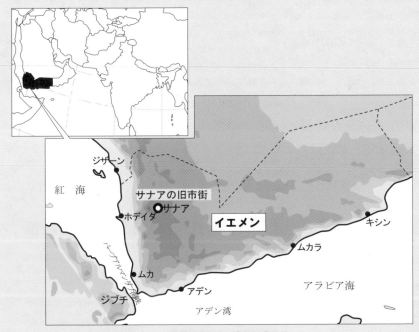

北緯15度21分　東経44度12分

交通アクセス　●サナア国際空港から市内まで、車で約20分。

シバーム城塞都市

登録遺産名	**Old Walled City of Shibam**	
遺産種別	**文化遺産**	
登録基準	(iii)	現存する、または、消滅した文化的伝統、または、文明の、唯一の、または、少なくとも稀な証拠となるもの。
	(iv)	人類の歴史上重要な時代を例証する、ある形式の建造物、建築物群、技術の集積、または、景観の顕著な例。
	(v)	特に、回復困難な変化の影響下で損傷されやすい状態にある場合における、ある文化（または、複数の文化）を代表する伝統的集落、または、土地利用の顕著な例。

登録年月 1982年12月（第6回世界遺産委員会パリ会議）
2015年 6月（第39回世界遺産委員会ボン会議）★【危機遺産】

登録遺産の面積 コア・ゾーン －ha　　バッファー・ゾーン －ha

登録物件の概要 シバームは、首都サナアの東約470km、イエメン中部のハドラマウト地方の砂漠の中にある。ワジ（かれ川）の上に建てられた高層建築物が林立するシバームの城塞都市は、世界最古の摩天楼の町と呼ばれる。3世紀頃からハドラマウト地方の古都で、8世紀頃から高層住宅が石と煉瓦で造られ始め、現在では、高さ30m、5～8階建ての高層建築物が約500棟も密集、一見砦のように見え、外壁は敵を防ぐ造りになっている。高層の家屋は、サナアの町と比べるとシバームのほうがより高く、同じ高さでそろっており、構造も装飾も簡素である。城壁内には、この町最古のシャイフ・アル・ラシッド・モスク、宮殿、広場、スーク（市場）などがある。イエメンは、2015年3月以降、ハディ政権とイスラム教シーア派武装組織フーシとの戦闘が激化、世界遺産の保全管理上、サナアと同様になる潜在危険があることから、2015年の第39回世界遺産委員会ボン会議で、「危機にさらされている世界遺産リスト」に登録された。

分類 建造物群
年代区分 3世紀頃～

物件所在地 イエメン共和国／ハドラマウト県
保護 文化・旅行省（Ministere de la Culture et du Turisme）
管理 文化・旅行省（Ministere de la Culture et du Turisme）
利活用 観光（平時）

危機遺産に登録された理由 ハディ政権とイスラム教シーア派との戦闘激化による潜在危険
世界遺産を取り巻く脅威や危険
　　　　　　　●紛争や戦争

参考URL http://whc.unesco.org/en/list/192

シバーム城塞都市

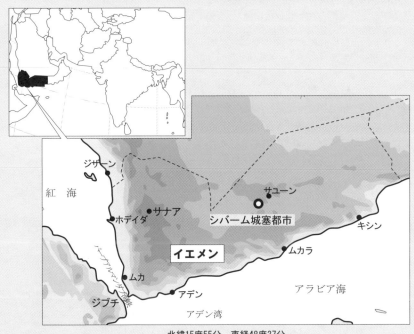

北緯15度55分　東経48度37分

交通アクセス　●サナアからサユーンまで飛行機で約1時間、そこからバスで約30分。

エルサレムの旧市街と城壁

登録遺産名	**Old City of Jerusalem and its Walls**
遺産種別	**文化遺産**

登録基準　(ii)　ある期間を通じて、または、ある文化圏において、建築、技術、記念碑的芸術、町並み計画、景観デザインの発展に関し、人類の価値の重要な交流を示すもの。

　　　　　(iii)　現存する、または、消滅した文化的伝統、または、文明の、唯一の、または、少なくとも稀な証拠となるもの。

　　　　　(vi)　顕著な普遍的な意義を有する出来事、現存する伝統、思想、信仰、または、芸術的、文学的作品と、直接に、または、明白に関連するもの。

登録年月　　1981年 9月　（世界遺産委員会パリ臨時会議）　ヨルダン申請遺産
　　　　　　1981年10月　（第5回世界遺産委員会シドニー会議）　ヨルダン申請遺産
　　　　　　1982年12月　（第6回世界遺産委員会パリ会議）★【危機遺産】

登録遺産の面積　コア・ゾーン　－ ha　　バッファー・ゾーン　－ ha

登録物件の概要　エルサレムは、ヨルダン川に近い要害の地に造られた城郭都市。世界三大宗教であるユダヤ教、キリスト教、イスラム教の聖地として有名。約1km四方の城壁に囲まれた旧市街には、紀元前37年にユダヤ王となったヘロデ王によって築かれ、その後、ローマ軍の侵略によって破壊され、離散の民となったユダヤ人が祖国喪失を嘆き祈る様子から「嘆きの壁」と呼ばれるようになった神殿の遺壁、327年にローマのコンスタンティヌス帝の命でつくられたキリスト教の「聖墳墓教会」、イスラム教徒のモスクで、691年にウマイヤ朝の第5代カリフのアブドゥル・マリクによって建てられた黄金色に輝く「岩のドーム」などがあり、中世の面影が残る。ヨルダンの推薦物件として登録された。また、民族紛争などによる破壊の危険から1982年に「危機にさらされている世界遺産リスト」に登録された。「嘆きの壁」と「神殿の丘」のムグラビ門ををつなぐ坂（Mughrabi asent）を撤去し、鉄の橋を架ける問題が聖地エルサレムの新たな火種になっている。

分類	建造物群、モニュメント
年代区分	紀元前1世紀～紀元後7世紀

物件所在地	エルサレム地区
構成資産	●嘆きの壁　●聖墳墓教会　●岩のドーム　●ダビデの塔
保護	●旧市街の地域計画（Local plan for the Old City）
管理	●イスラエル考古局（Israel Antiquiteies Authority（IAA））
利活用	●エルサレム歴史博物館（ダビデの塔にある）
	●イスラエル博物館（新市街にある）

危機遺産に登録された理由　民族紛争
世界遺産を取り巻く脅威や危険
　　　　　　　　　●管理不足　　　●開発圧力

ゆかりの人物　●ダビデ王（在位紀元前1000頃～紀元前960頃　ヘブライ統一王国国王）
　　　　　　　●ソロモン王（在位紀元前960頃～紀元前922頃　ヘブライ統一王国国王）
　　　　　　　●ヘロデ王（ユダヤ王）
　　　　　　　●イエス（紀元前4頃～30年頃　キリスト教創始者）
　　　　　　　●ムハンマド（570？～632年　イスラム教創始者）

課題	世界遺産の登録範囲が明確でない。
参考URL	http://whc.unesco.org/en/list/148

アラブ諸国

エルサレムの旧市街

北緯31度47分　東経35度13分

交通アクセス　●ベン・グリオン国際空港から車。

オリーブとワインの地パレスチナ −エルサレム南部のバティール村の文化的景観

登録遺産名	**Palestine: Land of Olives and Vines - Cultural Landscape of Southern Jerusalem, Battir**
遺産種別	**文化遺産**
登録基準	(iv) 人類の歴史上重要な時代を例証する、ある形式の建造物、建築物群、技術の集積、または、景観の顕著な例。
	(v) 特に、回復困難な変化の影響下で損傷されやすい状態にある場合における、ある文化（または、複数の文化）を代表する伝統的集落、または、土地利用の顕著な例。
登録年月	2014年6月 （第38回世界遺産委員会ドーハ会議）
	2014年6月 （第38回世界遺産委員会ドーハ会議）★【危機遺産】
登録遺産の面積	348.83ha　バッファゾーン623.88ha

登録物件の概要 オリーブとワインの地パレスチナ-エルサレム南部のバティール村の文化的景観は、エルサレムの南部7km、ヨルダン川西岸地区の中央高原にあり、ベツレヘムの西のベイト・ジャラ(海抜約900m)からイスラエルとの休戦ライン(海抜約500m)へと展開し、世界遺産の登録面積は348.83ha、バッファー・ゾーンは623.88haで、バティール村などヨルダン川西岸地区の2つの地区の構成資産からなる。バティール村は、2000年前につくられた広い段々畑、湧水群、古代の灌漑施設、古くからの丘、要塞群、ローマ人の墓群、古村群などの考古学遺跡群、田畑間の石の家屋群、監視塔群などの歴史地区などをコアとする開放的な文化的景観が特徴である。この地域は、農業生態地域で、地形的には、ほとんどが丘陵や岩肌だが、耕作が可能な地域ではオリーブ、蒲萄、アーモンド、穀物、野菜などが作られている。ヨルダン川の西岸地区は、イスラエルと分断されている為、もともと保存管理上の難点があり、またイスラエルが計画しているテロ対策の為の分離壁の建設によってバティール村の農民がこれまで育ててきた畑に近づけないこと、それに過去数世紀にわたって形成された文化的景観が損なわれる懸念があることから、第38回世界遺産委員会ドーハ会議で、世界遺産リストに登録されると同時に危機遺産リストにも登録された。

分類	遺跡、文化的景観
年代	2世紀〜
物件所在地	パレスチナ自治区
保護	●バティール保全管理計画
管理	●パレスチナ自治政府、ベツレヘム県
利活用	農業(オリーブ、ブドウ、核果)、家畜(鶏、ヤギ、羊)、養蜂、木工

危機遺産に登録された理由　分離壁の建設による文化的景観の損失の懸念
世界遺産を取り巻く脅威や危険

●人々の都会への移住など社会・文化的、地政学的な変容
●イスラエル当局によって計画されている分離壁の建設
●階段状の耕作地の耕作放棄や保全管理の欠如
●緑化、下水システムの欠如、ごみ管理、水不足

備考	ワールド・モニュメント財団(WMF)のワールド・モニュメント・ウォッチにも、バティールの古代の灌漑段丘(Ancient Irrigated Terraces of Battir)が、最も危機に瀕した遺跡・記念物として「ウオッチ・リスト」に選定されている。
参考URL	**http://whc.unesco.org/en/list/1492**

アラブ諸国

耕作放棄が進む階段状の耕作地

オリーブとワインの地パレスチナ
ーエルサレム南部のバティール村の
文化的景観

北緯31度42分15秒　東経35度12分27秒

交通アクセス　●エルサレムのバス・ターミナルからバスで約40分。

ヘブロン／アル・ハリールの旧市街

アラブ諸国

登録遺産名	**Hebron/Al-Khalil Old Town**
遺産種別	**文化遺産**

登録基準　(ii) ある期間を通じて、または、ある文化圏において、建築、技術、記念碑的芸術、町並み計画、景観デザインの発展に関し、人類の価値の重要な交流を示すもの。

(iv) 人類の歴史上重要な時代を例証する、ある形式の建造物、建築物群、技術の集積、または、景観の顕著な例。

(vi) 顕著な普遍的な意義を有する出来事、現存する伝統、思想、信仰、または、芸術的、文学的作品と、直接に、または、明白に関連するもの。

登録年月　2017年7月（第41回世界遺産委員会クラクフ会議）
　　　　　2017年7月（第41回世界遺産委員会クラクフ会議）★【危機遺産】

登録遺産の面積　コア・ゾーン　20.6ha　　バッファー・ゾーン　152.2ha

登録物件の概要　ヘブロン／アル・ハリルの旧市街は、パレスチナの南部、ヨルダン川西岸地区ヘブロン県ヘブロン市にある。エルサレムの南約30km、海抜900〜950mにある古都で、ヨルダン川の西岸地区の南端のヘブロン県の県都で、ユダヤ教・キリスト教・イスラム教の共通の聖地の一つで、イブラヒム・モスクとしても知られるハラムシャリーフには、預言者アブラハム（イブラヒム）、イサク、ヤコブと彼らの妻たちの墓があるとされる。ヘブロンは、アラビア語ではハリルラフマン或はアル・ハリル（パレスチナではイル・ハリル）という名で、「神の友人」を意味する。モスクから発展した保存状態の良いマムルーク朝時代（1250〜1517年とオスマン帝国時代（1517〜1917年）の歴史都市は、何世紀もの間に創造された活気のある多文化な町である。ヘブロンは、パレスチナ自治区の中でも最もイスラエルとの対立が激しい町の一つで、1994年にイスラエル（ユダヤ人）が入植を開始して以降、ヘブロンに住むパレスチナ人を追い出すための暴力行為が繰り返されると共に、ユダヤ人の入植者が大量に住み着くようになった。イスラエル建国以来、ヨルダン領だったが、1967年の中東戦争後、イスラエルに併合された。1997年のヘブロン合意によってパレスチナ自治政府の自治が一部認められたが、ユダヤ人の入植とそれに反発するパレスチナ人の間でテロなど深刻な対立が続き、危機的な状況にあることから2017年の第41回世界遺産委員会クラクフ会議で緊急登録された。

分類　　　　　遺跡

物件所在地　　ヨルダン川西岸地区ヘブロン県ヘブロン市

管理　　　　　●ヘブロン市
　　　　　　　●パレスチナ観光・遺跡省
　　　　　　　●ヘブロン復興委員会（1996年創立）

危機遺産に登録された理由　1997年のヘブロン合意によってパレスチナ自治政府の自治が一部認められたが、ユダヤ人の入植とそれに反発するパレスチナ人の間でテロなど深刻な対立が続き、危機的な状況にあることから2017年の第41回世界遺産委員会クラクフ会議で緊急登録された。

備考　　　　　ヘブロンは、アラビア語ではハリルラフマン或はアル・ハリル（パレスチナではイル・ハリル）という名で、「神の友人」を意味する。

参考URL　　　**http://whc.unesco.org/en/list/1565**

ヘブロン/アル・ハリルの旧市街

北緯31度31分27秒　東経35度6分32秒

交通アクセス　●ヘブロン市へはエルサレムから約30km。

アラブ諸国

古代都市ダマスカス

登録遺産名	**Ancient City of Damascus**
遺産種別	**文化遺産**

登録基準　(i) 人類の創造的天才の傑作を表現するもの。

　　　　　(ii) ある期間を通じて、または、ある文化圏において、建築、技術、記念碑的芸術、町並み計画、景観デザインの発展に関し、人類の価値の重要な交流を示すもの。

　　　　　(iii) 現存する、または、消滅した文化的伝統、または、文明の、唯一の、または、少なくとも稀な証拠となるもの。

　　　　　(iv) 人類の歴史上重要な時代を例証する、ある形式の建造物、建築物群、技術の集積、または、景観の顕著な例。

　　　　　(vi) 顕著な普遍的な意義を有する出来事、現存する伝統、思想、信仰、または、芸術的、文学的作品と、直接に、または、明白に関連するもの。

登録年月　　1979年10月　(第3回世界遺産委員会ルクソール会議)
　　　　　　2013年 6月　(第37回世界遺産委員会プノンペン会議)　★【危機遺産】

登録遺産の面積　86ha　バッファゾーン43ha

登録物件の概要　ダマスカスは、メソポタミアーエジプトの東西とアラビア半島～アナトリアの南北の隊商路の交点であった紀元前3000年頃より栄華を誇った中東で最も古い都市の一つである。635年にアラブ人が侵入し、661～750年までウマイヤ朝の首都として、イスラムの政治、文化の中心地となった。12世紀後半にはアイユーブ朝が興り、サラディン統治のもとで繁栄、宗教、文化が開花し、数多くの壮麗なモスクが建築された。ダマスカスは、バラーダ川で二分され、南岸の旧市街には、ウマイヤ・モスク、スーク・ハミーディーヤ、キャラバンサライ、市場、キリスト教徒の居住地区、ドゥルーズ教徒の居住地区がある。ローマ、イスラム、ビザンチンなどの支配を示す遺跡、ユピテル門、コリント式の列柱神殿、聖ヨハネ教会、トルコ様式のアズム宮殿などが残っている。2013年の第37回世界遺産委員会プノンペン会議で、国家の内戦状況が直面する危険への注意を喚起する為に、「危機にさらされている世界遺産リスト」に登録された。

分類　　　　　建造物群
年代区分　　　紀元前3000年頃～

物件所在地　　シリア・アラブ共和国／ダマスカス県ダマスカス市
保護　　　　　●文化財保護法 (1976年／1999年)
管理　　　　　●シリア文化省文化財博物館総局(DGAM)
利活用　　　　観光 (平時)

危機遺産に登録された理由　国内紛争の激化
世界遺産を取り巻く脅威や危険
　　　　　　●砲撃や銃撃による破壊行為

備考　　　　　シリア・アラブ共和国の世界遺産に関する一般決議

参考URL　　　**http://whc.unesco.org/en/list/20**

アラブ諸国

世界最古級・最大級のウマイヤ・モスク

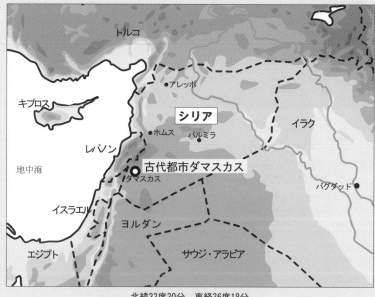

北緯33度30分　東経36度18分

交通アクセス　●ダマスカス国際空港から市内まで車で約30分。

古代都市ボスラ

登録遺産名	**Ancient City of Bosra**
遺産種別	**文化遺産**

登録基準　（ⅰ）人類の創造的天才の傑作を表現するもの。
　　　　　（ⅲ）現存する、または、消滅した文化的伝統、または、文明の、唯一の、または、少なくとも
　　　　　　　　稀な証拠となるもの。
　　　　　（ⅵ）顕著な普遍的な意義を有する出来事、現存する伝統、思想、信仰、または、芸術的、
　　　　　　　　文学的作品と、直接に、または、明白に関連するもの。

登録年月　　1980年9月　（第4回世界遺産委員会パリ会議）
　　　　　　2013年6月　（第37回世界遺産委員会プノンペン会議）★【危機遺産】

登録遺産の面積　コア・ゾーン　116.2ha　　　バッファー・ゾーン　200.4ha

登録物件の概要　ボスラは、ダマスカスの南約150km、ヨルダンとの国境近くにあるオアシス都市。ボスラには、2世紀頃、シリアを支配し、最盛期を誇っていたローマ帝国のトラヤヌス帝（在位98〜117年）が玄武岩で造らせた上階に列柱廊がある円形劇場、市場（アゴラ）、浴場、水利施設、列柱道路などの古代都市遺跡が残る。11?13世紀に十字軍の占領に備え、要塞を築いたり、堀を巡らしたりしたが、イスラム支配後は、メッカに向かう巡礼路からは次第に外れ、何時しか廃墟と化した。2013年の第37回世界遺産委員会プノンペン会議で、国家の内戦状況が直面する危険への注意を喚起する為に、「危機にさらされている世界遺産リスト」に登録された。

分類	遺跡群
年代区分	2世紀〜

物件所在地	シリア・アラブ共和国／ダルアー県ボスラ
保護	●文化財保護法（1976年／1999年）
管理	●シリア文化省文化財博物館総局（DGAM）
利活用	観光（平時）

危機遺産に登録された理由　国内紛争の激化
世界遺産を取り巻く脅威や危険
　　　　　　　　　　●砲撃や銃撃による破壊行為

参考URL　　　　**http://whc.unesco.org/en/list/22**

2世紀の巨大なローマ時代の円形劇場

北緯31度42分15秒　東経35度12分27秒

交通アクセス　●ダマスカスから車で約2時間。

パルミラの遺跡

登録遺産名	**Site of Palmyra**
遺産種別	**文化遺産**

登録基準　(ⅰ) 人類の創造的天才の傑作を表現するもの。
　　　　　(ⅱ) ある期間を通じて、または、ある文化圏において、建築、技術、記念碑的芸術、町並み計画、景観デザインの発展に関し、人類の価値の重要な交流を示すもの。
　　　　　(ⅳ) 人類の歴史上重要な時代を例証する、ある形式の建造物、建築物群、技術の集積、または、景観の顕著な例。

登録年月　1980年9月　（第4回世界遺産委員会パリ会議）
　　　　　2013年6月　（第37回世界遺産委員会プノンペン会議）★【危機遺産】

登録遺産の面積　コア・ゾーン　1640 ha　　バッファー・ゾーン　16800 ha

登録物件の概要　パルミラの遺跡は、ダマスカスの北東200km、シリア砂漠の中央のある。パルミラは、西方と東方との結節点として、そして、シルクロードの中継地としての隊商都市として、なかでもローマ時代の1～3世紀には、交易路の要所として栄えた。パルミラという名前は、ナツメ椰子を意味するパルマに由来する。起源は聖書にもある程古いが、パルミラのゼノビア女王がローマ帝国からの独立を謀ったことによりローマ軍に破壊され廃墟となった。アラブの城塞、凱旋門、広場、列柱道路、コリント様式の列柱廊があるベール神殿、葬祭殿、元老院、取引所、円形のローマ劇場、公共浴場、住宅、墓地などが往時の繁栄を偲ばせる。2013年の第37回世界遺産委員会プノンペン会議で、国家の内戦状況が直面する危険への注意を喚起する為に、「危機にさらされている世界遺産リスト」に登録された。

分類　　　　遺跡
年代区分　　紀元前3世紀～

物件所在地　シリア・アラブ共和国／ホムス県
保護　　　　●文化財保護法（1976年／1999年）
管理　　　　●シリア文化省文化財博物館総局（DGAM）
利活用　　　観光（平時）

危機遺産に登録された理由　国内紛争の激化
世界遺産を取り巻く脅威や危険
　　　　　　●砲撃や銃撃による破壊行為

備考　　　　2015年5月、「イスラム国」が「凱旋門」、「バール・シャミン神殿」、「ベル神殿」等を破壊。

参考URL　　http://whc.unesco.org/en/list/23

パルミラ　東の入口の記念門

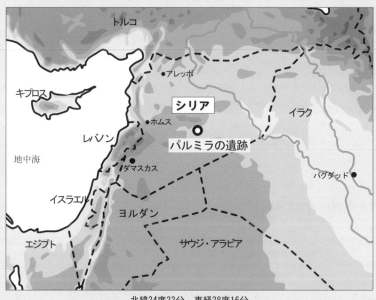

北緯34度33分　東経38度16分

交通アクセス　　●ダマスカスから車で約3時間。または、ヒムスから車。

古代都市アレッポ

登録遺産名	**Ancient City of Aleppo**
遺産種別	**文化遺産**

登録基準　(iii) 現存する、または、消滅した文化的伝統、または、文明の、唯一の、または、少なくとも稀な証拠となるもの。

(iv) 人類の歴史上重要な時代を例証する、ある形式の建造物、建築物群、技術の集積、または、景観の顕著な例。

登録年月　　1986年11月（第10回世界遺産委員会パリ会議）
2013年 6月（第37回世界遺産委員会プノンペン会議）★【危機遺産】

登録遺産の面積　364ha

登録物件の概要　アレッポは、首都ダマスカスの北約300kmにある古代都市。古くからユーフラテス川流域と地中海、シリア南部とアナトリア地方とを結ぶ交易路の要衝で、商業都市として栄えた。紀元前20世紀頃には、既にヤムハド王国の首都として栄え、その後、幾多の栄枯盛衰を経験した。紀元前10世紀に築かれたアレッポ城、ヘレニズム時代からの難攻不落の要塞、7世紀に建てられその後、再建されたヨハネの父ザカリアの首を祀る大モスク、12世紀後半のマドラサ（学校）、17世紀のキャラバンサライ（隊商宿）のアル・ワジール、それに世界最大級ともいわれる延々と続くスーク（市場）などが残る。2013年の第37回世界遺産委員会プノンペン会議で、国家の内戦状況が直面する危険への注意を喚起する為に、「危機にさらされている世界遺産リスト」に登録された。

分類	遺跡群、建造物群
年代区分	紀元前20世紀頃～

物件所在地	シリア・アラブ共和国／アレッポ県アレッポ
保護	●文化財保護法（1976年／1999年）
管理	●シリア文化省文化財博物館総局（DGAM）
利活用	観光（平時）

危機遺産に登録された理由　国内紛争の激化
世界遺産を取り巻く脅威や危険
　　　　　　　　●砲撃や銃撃による破壊行為

参考URL　　**http://whc.unesco.org/en/list/21**

アラブ諸国

難攻不落の城として知られてきたアレッポ城

アラブ諸国

北緯36度13分　東経37度10分

交通アクセス　　●ダマスカスから車で約5時間。

シュヴァリエ城とサラ・ディーン城塞

登録遺産名　Crac des Chevaliers and Qal'at Salah El-Din

遺産種別　**文化遺産**

登録基準　(ii) ある期間を通じて、または、ある文化圏において、建築、技術、記念碑的芸術、町並み計画、景観デザインの発展に関し、人類の価値の重要な交流を示すもの。
(iv) 人類の歴史上重要な時代を例証する、ある形式の建造物、建築物群、技術の集積、または、景観の顕著な例。

登録年月　2006年7月（第30回世界遺産委員会ヴィリニュス会議）
2013年6月（第37回世界遺産委員会プノンペン会議）★【危機遺産】

登録遺産の面積　8.87ha　バッファゾーン167ha

アラブ諸国

登録物件の概要　シュヴァリエ城とサラ・ディーン城塞は、ホムス県アル・フォスン市とラタキーヤ県ハフェ市にある。2つの城は、11〜13世紀の十字軍の時代に中近東における要塞建築の進化をあらわす最も重要な事例を代表するものである。シュヴァリエ城は、1142〜1271年にエルサレムの聖ヨハネ騎士団によって建てられた。13世紀後半にマルムーク朝による建設で、十字軍の城の最も良く保存された事例に位置づけられ、中世の城の典型である。十字軍によって建てられた8つの円塔とマルムーク朝によって建てられた角塔を含む。同様にサラ・ディーン城塞は、部分的には廃墟であるにもかかわらず、今尚、建設の質や歴史的な変遷の残存の両面において、この種の要塞の顕著な事例を代表するものである。それは10世紀のビザンチン初期から12世紀後期、12世紀後半?13世紀半ばにアイユーブ朝によって建設された要塞の特徴をとどめている。2013年の第37回世界遺産委員会プノンペン会議で、国家の内戦状況が直面する危険への注意を喚起する為に、「危機にさらされている世界遺産リスト」に登録された。

分類　建造物群
年代区分　12〜13世紀

物件所在地　シリア・アラブ共和国／ホムス県アル・フォスン市、ラタキーヤ県ハフェ市
保護　●文化財保護法（1976年／1999年）
管理　●シリア文化省文化財博物館総局（DGAM）
利活用　観光（平時）

危機遺産に登録された理由　国内紛争の激化
世界遺産を取り巻く脅威や危険
●砲撃や銃撃による破壊行為

備考　シリア・アラブ共和国の世界遺産に関する一般決議。

参考URL　http://whc.unesco.org/en/list/1229

シュヴァリエ城

アラブ諸国

トルコ

キプロス

●アレッポ

シュバリエ城と
サラ・ディーン城塞

レバノン

●ホムス

シリア

イラク

地中海

●ダマスカス

バグダッド●

イスラエル

ヨルダン

サウジ・アラビア

エジプト

シュヴァリエ城　北緯34度47分　東経36度37分
サラ・ディーン城塞　北緯35度37分　東経36度1分

交通アクセス　●シュヴァリエ城へは、ホムスから車。ホムスの西約40km。

シリア北部の古村群

アラブ諸国

登録遺産名   **Ancient Villages of Northern Syria**

遺産種別   **文化遺産**

登録基準   (iii) 現存する、または、消滅した文化的伝統、または、文明の、唯一の、または、少なくとも稀な証拠となるもの。
           (iv) 人類の歴史上重要な時代を例証する、ある形式の造造物、建築物群、技術の集積、または、景観の顕著な例。
           (v) 特に、回復困難な変化の影響下で損傷されやすい状態にある場合における、ある文化（または、複数の文化）を代表する伝統的集落、または、土地利用の顕著な例。

登録年月   2011年6月 （第35回世界遺産委員会パリ会議）
           2013年6月 （第37回世界遺産委員会プノンペン会議） ★【危機遺産】

登録遺産の面積   12,290ha

登録物件の概要   シリア北部の古村群は、シリアの北西部、イドリブ県とアレッポ県にまたがる広大な石灰岩の山中にある集落遺跡群。シリアの北西部にある8つの公園群の中にある40もの古村群は、古代末期からビザンチン時代の地方の田園生活を物語る遺跡群である。古村群は、1～7世紀に建てられ8～10世紀に廃村となったが、景観、住居群、寺院群、教会群、浴場等の建築学的な遺跡群は、きわめて保存状態が良い。古村群の遺構の文化的景観は、古代ローマの異教徒の世界からビザンチンのキリスト教信仰までの変遷ぶりを映し出している。水利施設、防護壁、農地の区割りなどから、農業生産に熟達していたことがわかる。2013年の第37回世界遺産委員会プノンペン会議で、国家の内戦状況が直面する危険への注意を喚起する為に、「危機にさらされている世界遺産リスト」に登録された。

分類   遺跡群
年代区分   1～7世紀

物件所在地   シリア・アラブ共和国／イドリブ県とアレッポ県にまたがる8つの地域
構成資産   ●ジェベル・セマン1   ●ジェベル・セマン2   ●ジェベル・セマン3
           ●ジェベル・ザーヴィア1   ●ジェベル・ザーヴィア2   ●ジェベル・アル・アラ
           ●ジェベル・バリシャ   ●ジェベル・ワスタニ
保護   ●文化財保護法（1976年／1999年）
管理   ●シリア文化省文化財博物館総局（DGAM）
利活用   観光（平時）

危機遺産に登録された理由   国内紛争の激化
世界遺産を取り巻く脅威や危険
           ●砲撃や銃撃による破壊行為

参考URL   **http://whc.unesco.org/en/list/1348**

ジェベル・セマン地区、セルジュラ遺跡
デッド・シティと呼ばれる遺跡のなかでも保存状態は良い

北緯36度20分　東経36度50分

交通アクセス　　●アレッポから車。

アッシュル（カルア・シルカ）

登録遺産名		**Ashur**（Qal'at Sherqat）
遺産種別		**文化遺産**
登録基準	(iii)	現存する、または、消滅した文化的伝統、または、文明の、唯一の、または、少なくとも稀な証拠となるもの。
	(iv)	人類の歴史上重要な時代を例証する、ある形式の造造物、建築物群、技術の集積、または、景観の顕著な例。
登録年月		2003年 7月（第27回世界遺産委員会パリ会議） 2003年 7月（第27回世界遺産委員会パリ会議）★【危機遺産】
登録遺産の面積		コア・ゾーン　70ha　　バッファー・ゾーン　100ha

登録物件の概要　アッシュルは、バグダッドの北約300km、チグリス川の西岸のカルア・シルカにある。アッシュルは、アッシリア帝国の最初の首都で、宗教上の中心地で、バビロン、アテネ、ローマ、テーベなど人類の歴史に影響を与えた世界の偉大な首都と肩を並べる。アッシュルは、紀元前2800年頃のシュメール人初期王朝期に占領された。ギリシャ時代、紀元前1世紀のハトリアン朝のアラビア王の時代、紀元後1〜2世紀のパルティア時代に至る古代中東文明の3000年にもわたって繁栄した。アッシュルは、アッシリアの国家神であるアッシュル神（アッシリアの国名、今日のシリアの名前の起源となった神）の名前に由来する都市だったので、名声を博した。新アッシリア時代に、帝国の首都がニムルド（カラク）、ドゥル・シャルルケーン、そして、ニエヴェに移ってからも、アッシュルはアッシリアの主要な宗教や文化の中心としてその重要性を維持した。アッシュルは、アッシリアの歴代の王が戴冠し埋葬された場所である。ここで建物と調度品の遺跡が広範にわたって発掘された。これらの発掘品やマンネア人が書いたと思われる特殊な楔形文字の文書資料から、アッシュルは、特に中期アッシリア時代から新アッシリア時代に、宗教的にも学問的にも主導的な役割を果たしていた。文献によると、38の神殿があったとされるが、その大部分はまだ発掘されていない。アッシュルは、フセイン政権時代の大型ダム建設による水没危険、それに適切な保護管理措置が講じられていないことから、世界遺産登録と同時に「危機にさらされている世界遺産リスト」に登録された。

分類	遺跡
年代区分	紀元前2800年頃〜

物件所在地	イラク共和国／サラディン県カルア・シルカ
保護	●1936年第36号古物法（1974年第120号、1975年第164号）
管理	●イラク政府古代遺物局（Iraqi State Board of Antiquities）
利活用	考古学的調査

危機遺産に登録された理由　大型ダム建設による水没危険、適切な保護管理措置の欠如
世界遺産を取り巻く脅威や危険
　　　　　　　●風化、劣化

参考URL	http://whc.unesco.org/en/list/1130

アラブ諸国

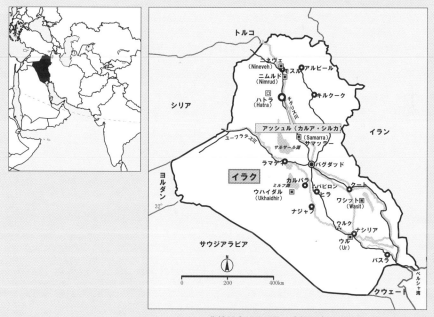

アシュルの遺跡

北緯35度27分32秒　東経43度15分34秒

交通アクセス　●モスル市から車。

サーマッラーの考古学都市

アラブ諸国

登録遺産名	**Samarra Archaeological City**	
遺産種別	**文化遺産**	
登録基準	(ii)	ある期間を通じて、または、ある文化圏において、建築、技術、記念碑的芸術、町並み計画、景観デザインの発展に関し、人類の価値の重要な交流を示すもの。
	(iii)	現存する、または、消滅した文化的伝統、または、文明の、唯一の、または、少なくとも稀な証拠となるもの。
	(iv)	人類の歴史上重要な時代を例証する、ある形式の建造物、建築物群、技術の集積、または、景観の顕著な例。
登録年月		2007年 7月（第31回世界遺産委員会クライスト・チャーチ会議） 2007年 7月（第27回世界遺産委員会クライスト・チャーチ会議）★【危機遺産】
登録遺産の面積		コア・ゾーン　15,058ha　　バッファー・ゾーン　31,414ha

登録物件の概要　サーマッラーの考古学都市は、イラクの首都バグダッドの北130km、イラク中北部のサラハディン県のティグリス川の両岸にある。サーマッラーの考古学都市は、836年に、アッバース朝の首都となった都市で、イスラム教シーア派の聖地としても知られている。イラクのシーア派の四大聖廟の一つで、7万2千枚の黄金タイルを張られたイスラム世界最大級のドームと2つの黄金のミナレット（尖塔　高さ36m）で知られるアスカリ廟は、スンニ派の過激組織による犯行によって、2006年2月22日にドームが、2007年6月13日にはミナレットも爆破された。ユネスコは、イラク政府と協力して再建に取り組む方針を明らかにし、宗派対立の解消による国民和解とイラク復興の象徴にしたい考えである。世界遺産登録と同時に「危機にさらされている世界遺産リスト」に登録された。

分類	遺跡
年代区分	紀元前5500〜4800年
物件所在地	イラク共和国／サラハディン県
主な構成資産	●大モスクと螺旋式のミナレット（マルウィヤ・ミナレット） ●アブー・ドゥラフ・モスク ●バルクワーラ宮殿 ●アル・アシーク宮殿 ●アル・ジャハリ宮殿　など
保護	●イラク考古学法（Iraqi Archaeological Law） ●文物遺産法（Antiquities and Heritage Law）
管理	●サーマッラー市
利活用	●観光
危機遺産に登録された理由	イスラム教のシーア派とスンニ派の宗派対立
世界遺産を取り巻く脅威や危険	●風化、劣化
備考	バベルの塔のモデルは、マルウィヤ・ミナレット
参考URL	http://whc.unesco.org/en/list/276

マルウィヤ・ミナレット

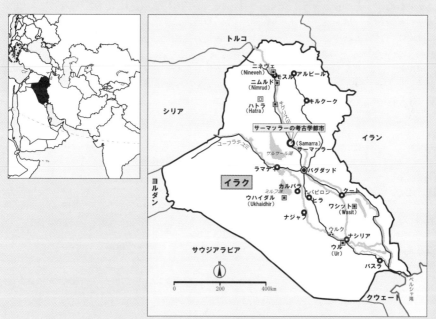

北緯34度20分　東経43度49分

交通アクセス　●バグダッドから北西に約130km、車で2～3時間。

ハトラ

登録遺産名	**Hatra**

遺産種別　　　　**文化遺産**

登録基準　　(ii) ある期間を通じて、または、ある文化圏において、建築、技術、記念碑的芸術、町並み計画、景観デザインの発展に関し、人類の価値の重要な交流を示すもの。
　　　　　　　(iii) 現存する、または、消滅した文化的伝統、または、文明の、唯一の、または、少なくとも稀な証拠となるもの。
　　　　　　　(iv) 人類の歴史上重要な時代を例証する、ある形式の建造物、建築物群、技術の集積、または、景観の顕著な例。
　　　　　　　(vi) 顕著な普遍的な意義を有する出来事、現存する伝統、思想、信仰、または、芸術的、文学的作品と、直接に、または、明白に関連するもの。

登録年月　　1985年12月 （第9回世界遺産委員会パリ会議）
　　　　　　2013年 6月 （第37回世界遺産委員会プノンペン会議）★【危機遺産】

登録遺産の面積　324ha

登録物件の概要　ハトラは、イラク北西部のモスール州の南西約100kmの砂漠地帯に残る古代都市遺跡。紀元前3世紀頃から紀元後3世紀半ばまで、パルティア王国（紀元前248年頃～紀元後226年）内にあった半独立国のアラビア王国の首都であった。1世紀にパルティア王国の隊商都市として発展したが、その後、ササン朝ペルシア（226～651年）に征服され滅びた。二重構造の円形の城壁の東西南北には、城門、外に堀、市中央の聖域には、アッラート女神や太陽神シャマシュの神殿など遊牧民特有のイーワーン様式のイスラム建築物が多く残る。神像や肖像、小神殿などギリシャやローマの影響を受けた建築物も見られる。ハトラは、別名「神の家」と呼ばれた。現在名は、ハドゥル。ハトラは、過激派組織の「イスラム国」(IS)が石造などを破壊、損壊していることから、2015年の第39回世界遺産委員会ボン会議で、「危機にさらされている世界遺産リスト」に登録された。

分類　　　　遺跡群
年代区分　　1世紀

物件所在地　シリア・アラブ共和国／ニーナワー県
保護管理　　文化情報省考古・遺産国家機構
　　　　　　（State Oganization of Antiquities and Heritage,Ministry of Culture and Informartion)
利活用　　　考古学調査

危機遺産に登録された理由　過激派組織「イスラム国」による破壊、損壊
世界遺産を取り巻く脅威や危険
　　　　　　　●破壊行為
　　　　　　　●風化、劣化

参考URL　　http://whc.unesco.org/en/list/277

ハトラ遺跡

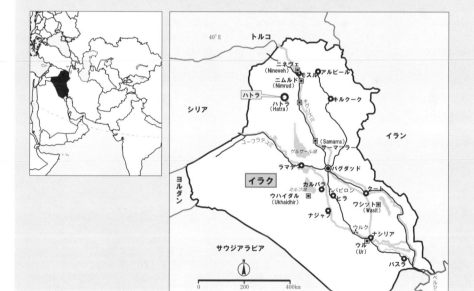

北緯35度35分　東経42度43分

交通アクセス　●ニーナワー県の県都モスルの南西約100km。

アラブ諸国

シャフリサーブスの歴史地区

登録遺産名	**Historic Centre of Shakhrisyabz**	

遺産種別　**文化遺産**

登録基準　(iii)　現存する、または、消滅した文化的伝統、または、文明の、唯一の、または、少なくとも
稀な証拠となるもの。
(iv)　人類の歴史上重要な時代を例証する、ある形式の建造物、建築物群、技術の集積、または、
景観の顕著な例。

登録年月　2000年12月（第24回世界遺産委員会ケアンズ会議）
2016年10月（第40回世界遺産委員会パリ会議）★【危機遺産】

登録遺産の面積　コア・ゾーン　240ha　　　バッファー・ゾーン　82ha

登録物件の概要　シャフリサーブスの歴史地区は、サマルカンドの南部のカシュカダヤ地方にあ
る、かつてのソグディアナの古都。シャフリサーブスは、「緑の街」と呼ばれる様に、かつては緑
豊かなオアシス都市であった。ここはティムール帝国（1370〜1405年）を興したティムールが生
まれた町としても知られ、サマルカンドに劣らない華麗な建築をシャフリサーブスに残した。
なかでも、ティムールの夏の宮殿であった「アク・サライ宮殿」、実際にはサマルカンドに埋葬さ
れている「ティムールの墓」、ティムールの孫で天文学者であったウルグ・ベクが父シャー・ルフ
を偲ぶために建設した「金曜モスク」（コク・グンバッズ・モスク）、ティムールが最も寵愛したジ
ャハーンギル王子が眠る霊廟が建つドルッサオダット建築群は、中世の中央アジアの建築様式に
多大な影響を与えた。しかし16世紀後半、豊かなシャフリサーブスに嫉妬したブハラのアブド
ゥール・ハーンによって、多くの建物が破壊された。シャフリサーブスは、かつてはケシュと呼
ばれ、中央アジアの都市の中では最古の歴史を有する。紀元前4世紀には、アレクサンダー大
王、7世紀にはかの唐僧玄奘三蔵（602〜664年）も訪れたといわれている。2016年、第40回世界遺
産委員会イスタンブール会議において、15〜16世紀のティムール朝時代に建築された建造物群
が、ホテルなどの観光インフラの過度の開発にさらされ、都市景観も変化していることなどが問
題視され、「危機にさらされている世界遺産」に登録された。

分類　建造物群

物件所在地　カシュカダヤ地方（Kashkadarya region）

保護　●歴史都市（1973年）
●国の重要モニュメント（1973年）

管理　●文化省
●シャフリサーブス市
利活用　●観光

危機遺産に登録された理由　15〜16世紀のティムール朝時代に建築された建造物群が、ホテルな
どの観光インフラの過度の開発にさらされ、都市景観も変化していることなどが問題視され、
「危機にさらされている世界遺産」に登録された。

参考URL　http://whc.unesco.org/en/list/885

アジア

シャフリサーブスの歴史地区

アジア

北緯39度2分60秒　東経66度49分59秒

交通アクセス　●シャフリサーブスへはサマルカンドから約80km。

ジャムのミナレットと考古学遺跡

登録遺産名	**Minaret and Archaeological Remains of Jam**
遺産種別	**文化遺産**

登録基準　(ii) ある期間を通じて、または、ある文化圏において、建築、技術、記念碑的芸術、町並み計画、景観デザインの発展に関し、人類の価値の重要な交流を示すもの。

(iii) 現存する、または、消滅した文化的伝統、または、文明の、唯一の、または、少なくとも稀な証拠となるもの。

(iv) 人類の歴史上重要な時代を例証する、ある形式の建造物、建築物群、技術の集積、または、景観の顕著な例。

登録年月　　2002年 6月（第26回世界遺産委員会ブダペスト会議）
　　　　　　2002年 6月（第26回世界遺産委員会ブダペスト会議）★【危機遺産】

登録遺産の面積　コア・ゾーン　70ha　　バッファー・ゾーン　600ha

登録物件の概要　ジャムのミナレットと考古学遺跡は、アフガニスタンの中西部、首都カブールの西約500kmのグール州のシャーラク地方にある。ジャムのミナレットは、1194年にグール朝のアルーディン・モハメッド・イブン・サム（1163〜1202年）が築いたといわれるイスラム建築のミナレット（尖塔）。ハリ・ルド川とジャム・ルド川が結節する狭い渓谷に凛と立つ景観は優美な青色が印象的で、世界第2位の高さ（65m）を誇る。ジャムのミナレットは、12〜13世紀にこの地方で栄えた装飾文化の代表例で、最上部には、コーランの文字装飾、幾何学模様や花模様が施されたタイルや耐火煉瓦が規則的に配置されている。世界一高いミナレット（72.5m）であるインドのクトゥブ・ミナールは、ジャムのミナレットをお手本にしたことでも知られている。ジャムのミナレットが何故にここにあるのか真実は謎に包まれている。もともとは、今はなき大モスクと一連のものであったとか諸説がある。周辺では、ユダヤ人の墓地や要塞も残っている。長年の戦乱等による損傷や盗掘、それに2つの川からの浸水や部分的に考古学地域を通る道路計画などで危機にさらされており、2002年に「世界遺産リスト」登録されると同時に、「危機にさらされている世界遺産」に登録され、補強等の保護措置が求められている。ジャムのミナレットは、アフガンの荒廃からの復興、かつての誇れる文化の象徴ともいえる。

分類　　　　遺跡、モニュメント
年代区分　　12世紀〜

物件所在地　アフガニスタン・イスラム国／グール州シャーラク地方ジャム
保護　　　　●歴史的文化遺産保護法
管理　　　　●アフガニスタン情報文化省
　　　　　　●アフガン建築研究所（Afghan Institute of Architecture）

危機遺産に登録された理由　長年の戦乱等による損傷や盗掘、川からの浸水、遺跡地域の道路計画
世界遺産を取り巻く脅威や危険
　　　　　　●風化、劣化
　　　　　　●ミナレットの傾斜
　　　　　　●川の北の土手沿いの不法な発掘と心ない盗掘
　　　　　　●2つの川からの土台を浸食する水の浸透浸水
　　　　　　●この考古地域を部分的に通る道路計画

ゆかりの人物　アルーディン・モハメッド・イブン・サム（1163〜1202年）
備考　　　　2020年アフガニスタン・日本外交90周年（1930年11月19日国交樹立）
参考URL　　**http://whc.unesco.org/en/list/211**

アジア

ジャムのミナレット
ミナレットでは世界第2位の高さ（65m）を誇る。

アジア

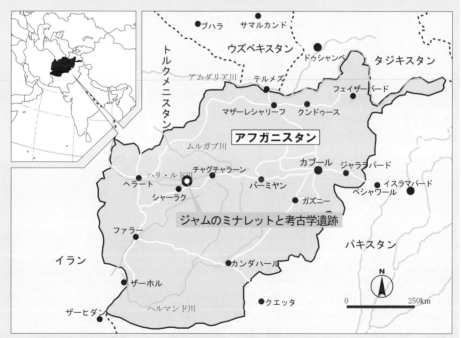

北緯34度23分　東経64度31分

交通アクセス　●シャーラクから車。

バーミヤン盆地の文化的景観と考古学遺跡

登録遺産名	Cultural Landscape and Archaeological Remains of the Bamiyan Valley
遺産種別	**文化遺産**

登録基準　(i) 人類の創造的天才の傑作を表現するもの。
　　　　　(ii) ある期間を通じて、または、ある文化圏において、建築、技術、記念碑的芸術、町並み計画、景観デザインの発展に関し、人類の価値の重要な交流を示すもの。
　　　　　(iii) 現存する、または、消滅した文化的伝統、または、文明の、唯一の、または、少なくとも稀な証拠となるもの。
　　　　　(iv) 人類の歴史上重要な時代を例証する、ある形式の建造物、建築物群、技術の集積、または、景観の顕著な例。
　　　　　(vi) 顕著な普遍的な意義を有する出来事、現存する伝統、思想、信仰、または、芸術的、文学的作品と、直接に、または、明白に関連するもの。

登録年月　2003年 7月（第27回世界遺産委員会パリ会議）
　　　　　2003年 7月（第27回世界遺産委員会パリ会議）★【危機遺産】

登録遺産の面積　コア・ゾーン　158.93ha　　バッファー・ゾーン　341.95ha

登録物件の概要　バーミヤン盆地の文化的景観と考古学遺跡は、首都カブールの西120km、バミヤン川上流のバーミヤンにある。バミヤン盆地の考古学遺跡は、1〜13世紀に芸術的、宗教的な発展を遂げた古代バクトリアの遺跡である。1000もの石窟が発見されているが、中でも高さ55mと38mの2つの巨大仏像がよく知られていた。2つの仏像は岩を穿って掘り出されたもので、内部空間には壁画が残されている。仏像の顔面や腕は後の時代に削り取られてしまい、足元も劣化している。2001年3月に、タリバーンによって、悲劇的な破壊が行われた。崩壊、劣化、略奪、盗掘などのおそれがあるため、2003年に「世界遺産リスト」登録されると同時に、「危機にさらされている世界遺産」に登録危機にさらされている世界遺産リストに登録された。

分類　　　文化的景観、遺跡
年代区分　1〜13世紀

物件所在地　アフガニスタン・イスラム国／バーミヤン州バーミヤン地区
構成資産　●バーミヤン崖（含む 38mの仏陀、仏陀座像、55mの仏陀）と周辺の洞窟群
　　　　　●カクラク渓谷洞窟群（仏陀立像を含む）
　　　　　●フラディ渓谷のクオル-I　アクラム洞窟群
　　　　　●フラディ渓谷のカライ・ガマット洞窟群
　　　　　●シャフリ・ズハク要塞
　　　　　●カレイ・カファリ A
　　　　　●カレイ・カファリ B
　　　　　●シャフリ・グルグラ要塞
保護　　　●歴史的文化遺産保護法
管理　　　●アフガニスタン情報文化省

危機遺産に登録された理由　崩壊、風化、劣化、略奪、盗掘などの惧れがある為、緊急登録。
備考　　　2020年アフガニスタン・日本外交90周年（1930年11月19日国交樹立）
　　　　　日本政府、「バーミヤン盆地の文化的景観と考古学遺跡」の危機遺産リストからの解除に向けてユネスコ文化遺産保存日本信託基金へ新たに3.8百万ドルを供与。
参考URL　http://whc.unesco.org/en/list/208

バーミヤン盆地

アジア

北緯34度50分48秒　東経67度49分30秒

交通アクセス　●カブールから車。

スマトラの熱帯雨林遺産

登録遺産名	**Tropical Rainforest Heritage of Sumatra**
遺産種別	**自然遺産**

登録基準
(vii) もっともすばらしい自然的現象、または、ひときわすぐれた自然美をもつ地域、及び、美的な重要性を含むもの。
(ix) 陸上、淡水、沿岸、及び、海洋生態系と動植物群集の進化と発達において、進行しつつある重要な生態学的、生物学的プロセスを示す顕著な見本であるもの。
(x) 生物多様性の本来的保全にとって、もっとも重要かつ意義深い自然生息地を含んでいるもの。これには、科学上、または、保全上の観点から、すぐれて普遍的価値をもつ絶滅の恐れのある種が存在するものを含む。

登録年月　2004年7月（第28回世界遺産委員会蘇州会議）
2011年6月（第35回世界遺産委員会パリ会議）★【危機遺産】

登録遺産の面積　2,595,124ha

登録物件の概要　スマトラの熱帯雨林遺産は、面積が世界第6位の島、スマトラ島の北西部のアチェから南東のバンダールランプンまでのブキット・バリサン山脈に広がる。スマトラの熱帯雨林遺産は、登録範囲の核心地域の面積が2595125haで、ルセル山国立公園、ケリンシ・セブラト国立公園、バリサン・セラタンの丘国立公園の3つの国立公園からなる。なかでも、スマトラ島の最高峰で、活火山のケリンシ山（3800m）が象徴的である。スマトラの熱帯雨林遺産は、多くの絶滅危惧種を含み、多様な生物相を長期に亘って保存する上で最大の可能性をもっている。スマトラの熱帯雨林には、1万種ともいわれる植物が生育し、スマトラ・オランウータンなど200種以上の哺乳類、580種の鳥類も生息している。それは、スマトラ島が進化していることの生物地理学上の証しでもある。しかし、スマトラの熱帯雨林遺産を取り巻く保全環境は、密猟、違法伐採、不法侵入による農地開拓、熱帯林を横断する道路建設計画などによって悪化。2011年の第35回世界遺産委員会パリ会議で、「危機にさらされている世界遺産リスト」に登録された。

分類	自然景観、生態系、生物多様性
生物地理地区	スマトラ（Sumatra）
IUCNの管理カテゴリー	II（National Park）
物件所在地	インドネシア共和国／スマトラ島　アチェ州、北スマトラ州、ジャンビ州、西スマトラ州、南スマトラ州、ブンクル州、ランプン州
構成資産	●ルセル山国立公園 ●ケリンシ・セブラト国立公園 ●バリサン・セラタンの丘国立公園
保護	●ルセル山国立公園（1980年指定） ●ケリンシ・セブラト国立公園（1992年指定） ●バリサン・セラタンの丘国立公園（1982年指定）
管理	●森林省
利活用	●エコ・ツーリズム

危機遺産に登録された理由
密猟、違法伐採、不法侵入による農地開拓、熱帯林を横断する道路建設計画
世界遺産を取り巻く脅威や危険
●違法伐採　●不法侵入　●密猟　●道路建設
参考URL　http://whc.unesco.org/en/list/1167

スマトラの熱帯雨林（ケリンシ・セブラト国立公園）

アジア

南緯2度30分　東経101度30分

交通アクセス　　●ジャカルタから飛行機でメダンまで約2時間10分。メダンからはバス或は車。
　　　　　　　　●シンガポールから飛行機でパダンまでのアクセスもある。

イースト・レンネル

登録遺産名		**East Rennell**
遺産種別		**自然遺産**
登録基準	(ix)	陸上、淡水、沿岸、及び、海洋生態系と動植物群集の進化と発達において、進行しつつある重要な生態学的、生物学的プロセスを示す顕著な見本であるもの。
登録年月		1998年12月（第22回世界遺産委員会京都会議） 2013年 7月（第37回世界遺産委員会プノンペン会議）★【危機遺産】
登録遺産の面積		37,000ha

登録物件の概要 イースト・レンネルは、ソロモン諸島の最南端にある熱帯雨林に覆われたレンネル島の東部地域にある国立野生生物公園。レンネル島は隆起した環状珊瑚礁で、その大半が人の手が加えられておらず、ニュージーランドとオーストラリアを除く南太平洋地域では、最大級の湖であるテガノ湖(面積は島の18%を占める15.5km²で、淡水と海水が混ざった汽水湖)を擁している。レンネル・オオコウモリ、ウミヘビ、ヤモリ、トカゲ、マイマイなどの動物相は、大半がこの島固有のもので、ランやタコノキなどの植物相も生物地理学的に非常に特異である。世界遺産地域のイースト・レンネルは、年平均4000mmの降雨量の影響で、ほとんど濃霧に覆われている熱帯地域で、顕著な地質学的、生物学的、景観的価値を有している。なかでも、世界最大の隆起環状珊瑚礁、南太平洋地域で最大級の湖(かつては礁湖であり、現在はウミヘビが生息している)、この土地固有の多くの鳥類、ポリネシア人が住む最西部の島であることなどが特色である。森林の伐採が生態系に悪影響を与えている為、「危機遺産リスト」に登録された。

分類	生態系
生物地理地区	Papua
IUCNの管理カテゴリー	適用なし
所在地	ソロモン諸島／レンネル・ベロナ州
保護	●国立野生生物公園
管理	●森林・環境保全省 ●テガノ湖管理保全委員会（TMCC）
利活用	●エコツーリズム ●環境学習 ●海洋生態学

危機遺産に登録された理由　森林伐採
脅威や危険	●森林伐採 ●サイクロン ●木材運搬コンテナ船を通じての外来種の侵入
課題	生態系の維持
備考	●WWFエコリージョン(生態域)、ソロモン、ヴァヌアツ、ビスマルク諸島の湿潤林 ●レンネル島は、太平洋戦争中の1943年1月29日〜30日の日本軍とアメリカ軍のレンネル島沖海戦で有名。 ●2018年世界遺産登録20周年
参考URL	**http://whc.unesco.org/en/list/854**

イースト・レンネルは、森林の伐採が生態系に悪影響を与えている為、
危機遺産リストに登録されている。

太平洋

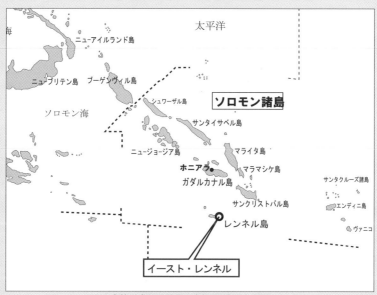

南緯11度40分59秒　東経160度19分59秒

交通アクセス　●ホニアラ空港からレンネル島西端のティゴア空港まで飛行機。
　　　　　　　　●レンネル島の南東岸のKunggava港まで船。

ナン・マドール：東ミクロネシアの祭祀センター

登録遺産名	**Nan Madol: Ceremonial Center of the Eastern Micronesia**
遺産種別	**文化遺産**

登録基準　(i)　人類の創造的天才の傑作を表現するもの。
(iii)　現存する、または、消滅した文化的伝統、または、文明の、唯一の、または、少なくとも稀な証拠となるもの。
(iv)　人類の歴史上重要な時代を例証する、ある形式の建造物、建築物群、技術の集積、または、景観の顕著な例。
(vi)　顕著な普遍的な意義を有する出来事、現存する伝統、思想、信仰、または、芸術的、文学的作品と、直接に、または、明白に関連するもの。

登録年月　　2016年10月（第40回世界遺産委員会パリ会議）
　　　　　　2016年10月（第40回世界遺産委員会パリ会議）★【危機遺産】

登録遺産の面積　コア・ゾーン　76.7 ha　　バッファー・ゾーン　664 ha

登録物件の概要　ナン・マドール：東ミクロネシアの祭祀センターは、ミクロネシアの東部、ポンペイ州マタラニウム、ポンペイ島南東部のテムエン島南東麓にある13世紀～16世紀の祭祀遺跡で、ミクロネシア連邦初の世界遺産である。世界遺産の登録面積は76.7ha、バッファー・ゾーンは664haである。ナン・マドールとは「天と地の間」という意味をもち、約1.5×0.7kmの長方形の範囲に築かれた大小99の人工島で構成され、伝承によると、行政、儀礼、埋葬などそれぞれの島で機能分担していたとされる。広大なナン・マドールは、司祭者の居住した北東部の「首長の口の中」を意味するナンタワスなどの上ナン・マドールと、首長シャウテレウルが居住し儀式や政治を行った南西部のパーンウィなどの下ナン・マドールに分けられる。ナン・マドールは、マングローブなどの繁茂や遺跡の崩壊などが起きていることから、危機遺産リストに同時登録された。

分類　　　　遺跡

物件所在地　ミクロネシア連邦ポンペイ州

保護　　　　●国定歴史建造物（1986年）
　　　　　　●ポンペイ州歴史・文化保護法（2002年）
管理　　　　●国立公文書・文化・歴史保護省(NACH)
　　　　　　●ポンペイ州政府
　　　　　　●ナン・マドール世界遺産局管理委員会
利活用　　　●観光

危機遺産に登録された理由　マングローブなどの繁茂や遺跡の崩壊
世界遺産を取り巻く脅威や危険
　　　　　　●水路の沈泥する植生の成長
　　　　　　●高潮
備考　　　　2010年にミクロネシア連邦政府は、ユネスコ太平洋州事務所を通じて日本に対して、この遺跡の保護に関する国際協力を要請、それを受けて文化遺産国際協力コンソーシアムが現地調査をおこない、その成果を『ミクロネシア連邦ナン・マドール遺跡現状調査報告書』を纏めるなど同遺跡の保護の為の人材育成・技術移転の事業を実施している。

参考URL　　**http://whc.unesco.org/en/list/1503**

ナン・マドール

太平洋

北緯6度50分23秒　東経158度19分51秒

交通アクセス　●ポンペイ国際空港へは、グアムやホノルルからユナイテッド航空が就航している。

リヴァプール―海商都市

登録遺産名	**Liverpool-Maritime Mercantile City**
遺産種別	**文化遺産**

登録基準
(ii) ある期間を通じて、または、ある文化圏において、建築、技術、記念碑的芸術、町並み計画、景観デザインの発展に関し、人類の価値の重要な交流を示すもの。
(iii) 現存する、または、消滅した文化的伝統、または、文明の、唯一の、または、少なくとも稀な証拠となるもの。
(iv) 人類の歴史上重要な時代を例証する、ある形式の建造物、建築物群、技術の集積、または、景観の顕著な例。

登録年月　2004年7月（第28回世界遺産委員会蘇州会議）
2012年7月（第36回世界遺産委員会サンクトペテルブルク会議）★【危機遺産】

登録遺産の面積　コア・ゾーン　136ha　　バッファー・ゾーン　751ha

登録物件の概要　リヴァプール―海商都市は、英国中西部、イングランド北西部にあり、18～19世紀に大英帝国の貿易港として繁栄した。リヴァプールは、現代のドック建造技術、輸送システム、そして、港湾管理の発展において先駆けであった。産業港として、その美しい建築物と港の歴史が世界遺産として評価された。マージー川からのロイヤル・ライヴァー・ビル、キュナード・ビル・ドック・オフィス、1753年、1842年、1853年に建造されたソールトハウス・ドック、スタンレー・ドック保護地域、リヴァプール市役所、ウィリアム・ブラウン通り文化区域、ブルーコート・チェンバーズ、レーン校などは、当時の町の発展段階を示している。現在、ピール・ホールディングスが手がけている大規模な水域再開発計画によって、リヴァプールの歴史的な都市景観が損なわれることが懸念されることから、2012年に「危機にさらされている世界遺産リスト」に登録された。

分類	建造物群
物件所在地	英国／イングランド地方リヴァプール市
構成資産	●ピア・ヘッド（通称：ザ・スリー・グレース（三美神） 　＜ロイヤル・ライヴァー・ドック、キュナード・ビル、リヴァプール港ビル＞） ●アルバート・ドック ●スタンレー・ドック保護地域 ●キャッスル・ストリート、デール・ストリート、 　オールド・ホール・ストリート商業地域周辺の歴史地区 ●ウィリアム・ブラウン通り文化区域（含むセント・ジョージ・ホール） ●ロワー・デューク・ストリート
保護	●建造物保護法（1990年）
管理	●文化・メディア・スポーツ省（DCMS　旧国民文化財省DNH） ●リヴァプール市役所
利活用	●観光、イベント
博物館	●リヴァプール博物館

危機遺産に登録された理由　大規模な水域再開発計画による歴史的な都市景観の喪失
世界遺産を取り巻く脅威や危険
●業務ビル建設などの大規模な水域再開発計画　●大気汚染
●地下水位の上昇　●洪水

参考URL
●ユネスコ世界遺産センター　http://www.unesco.org/en/list/1150
●Liverpool World Heritage City　http://www.liverpoolworldheritage.com/
●リヴァプール市役所　http://www.liverpool.gov.uk/

大規模な水域開発計画によって、歴史的な都市景観が損なわれることが懸念される
リヴァプールー海商都市

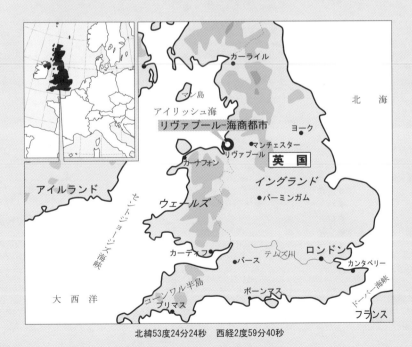

ヨーロッパ

北緯53度24分24秒　西経2度59分40秒

交通アクセス　●ロンドンから列車で約3時間。バスで約5時間。

ウィーンの歴史地区

登録遺産名	**Historic Centre of Vienna**
遺産種別	**文化遺産**

登録基準　(ii) ある期間を通じて、または、ある文化圏において、建築、技術、記念碑的芸術、町並み計画、景観デザインの発展に関し、人類の価値の重要な交流を示すもの。

(iv) 人類の歴史上重要な時代を例証する、ある形式の建造物、建築物群、技術の集積、または、景観の顕著な例。

(vi) 顕著な普遍的な意義を有する出来事、現存する伝統、思想、信仰、または、芸術的、文学的作品と、直接に、または、明白に関連するもの。

登録年月　2001年12月　（第25回世界遺産委員会ヘルシンキ会議）
2017年7月　（第41回世界遺産委員会クラクフ会議）★【危機遺産】

登録遺産の面積　コア・ゾーン　371 ha　　バッファー・ゾーン　462 ha

登録物件の概要　ウィーンの歴史地区は、首都ウィーンの真ん中の直径1km程度の旧市街地が中心で、紀元前5世紀以降、ケルト人やローマ人が居住、中世には、オーストリア・ハンガリー帝国や神聖ローマ帝国の首都として繁栄した。中世時代から城壁に取り囲まれていたウィーンの歴史地区は、その建築的、そして都市の資質として、建築、美術、音楽、文学の歴史に関連して重要な価値を有している。歴史地区の都市と建築は、ゴシック様式の聖シュテファン寺院をはじめ、中世、バロック、そして、近代の3つの主要な段階の発展を反映するものであり、オーストリアと中央ヨーロッパの歴史のシンボルとなった。本来都市が拡大するべきバロック時代には、迫り来るオスマン帝国の脅威が大きく城壁外へは拡大できなかった。しかし、1699年のカルロビッツ和約で、オイゲン公がオスマン帝国を東に追いやり、市街地は一気に城壁の外側へと拡大し建築ブームが起こった。また、ウィーンは、ワルツ王ヨハン・シュトラウスなど偉大な作曲家を数多く生んだ16〜20世紀の音楽史、特に、ウィーン古典主義やロマン主義において基礎的な発展を遂げ、ヨーロッパの「音楽の首都」としての名声を高めた。ウィーンの歴史地区では、建物の高さ制限を越えるアイス・スケート・クラブのある高層のホテル建設プロジェクトが歴史的な都市景観に悪影響を与えることから「危機にさらされている世界遺産リスト」に登録された。

分類	遺跡
物件所在地	ウィーン市
保護	●旧市街保護法（No 16/1972年） ●遺跡保護法（No 533/1923年） ●ウィーン自然保護法（1998年） ●ウィーン都市マスター・プラン
管理	●ウィーン市 ●オーストリア連邦文化財局
利活用	●観光

危機遺産に登録された理由　ウィーンの歴史地区では、建物の高さ制限を越えるアイス・スケート・クラブのある高層のホテル建設プロジェクトが歴史的な都市景観に悪影響を与えることから「危機にさらされている世界遺産リスト」に登録された。

参考URL　http://whc.unesco.org/en/list/1033

ヨーロッパ

ウィーンの歴史地区

北緯48度13分0秒　東経16度22分60秒

ヨーロッパ

交通アクセス　●ウィーン国際空港から市内まで約18km。

コソヴォの中世の記念物群

登録遺産名	**Medieval Monuments in Kosovo**
遺産種別	**文化遺産**

登録基準
- (ii) ある期間を通じて、または、ある文化圏において、建築、技術、記念碑的芸術、町並み計画、景観デザインの発展に関し、人類の価値の重要な交流を示すもの。
- (iii) 現存する、または、消滅した文化的伝統、または、文明の、唯一の、または、少なくとも稀な証拠となるもの。
- (iv) 人類の歴史上重要な時代を例証する、ある形式の建造物、建築物群、技術の集積、または、景観の顕著な例。

登録年月　2004年 7 月（第28回世界遺産委員会蘇州会議）
2006年 7 月（第30回世界遺産委員会ヴィリニュス会議）登録範囲の拡大
2006年 7 月（第30回世界遺産委員会ヴィリニュス会議）　★【危機遺産】

登録遺産の面積　コア・ゾーン　2.88ha　　バッファー・ゾーン　115.39ha

登録物件の概要　コソヴォの中世の記念物群は、セルビア南部アルバニアとの国境に近いコソヴォ・メトヒヤ自治州にある。デチャニ修道院は、セルビア王ステファン・ウロシュ3世デチャンスキー（在位1321～1331年）の為に14世紀半ばに創建された。デチャニ修道院は、バルカン地方におけるビザンチンと西ヨーロッパの中世の伝統とが融合した代表的な建物で、セルビアン・スラブ建築様式の傑作で、大理石で建てられており、中世のバルカンの教会群の中では、最も大きい。また、ビザンチンの絵画やロマネスクの彫刻があり、オスマン時代の絵画や建築の発展に大きく影響した。2006年には、新たにペーチのペーチ総主教修道院、プリシュティナのグラチャニツァ修道院、プリズレンの聖母リェヴィシャ修道院を追加し、登録遺産名を変更。また、地域の政治的不安定による管理と保存の困難により、2006年に「危機にさらされている世界遺産リスト」に登録された。

分類	モニュメント
年代区分	14世紀半ば～
物件所在地	セルビア共和国／コソヴォ・メトヒヤ自治州コソヴォ、ペーチ、プリシュティナ、プリズレン
構成資産	●デチャニ修道院 ●ペーチ総主教修道院 ●グラチャニツァ修道院 ●聖母リェヴィシャ修道院
管理	●文化・報道・情報化社会省 ●コソヴォ・メトヒヤ自治州

危機遺産に登録された理由　地域の政治的不安定による管理と保存の困難
世界遺産を取り巻く脅威や危険
- ●政情不安
- ●地震
- ●自然劣化、風化、崩壊

備考　中世セルビア王国の指導者が建造したセルビアの歴史的建造物であり、セルビア正教に属するものである。

参考URL　http://whc.unesco.org/en/list/724

ヨーロッパ

グラチャニツァ修道院

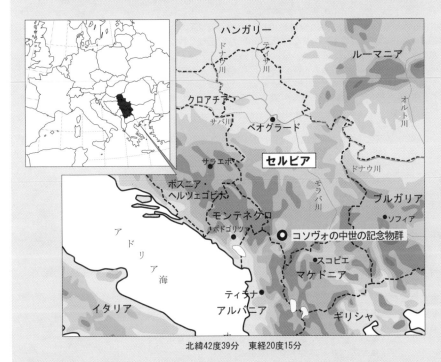

北緯42度39分　東経20度15分

交通アクセス　●デチャニ修道院（メトヒヤ）へは、ペーチから南へ車で約30分。

エバーグレーズ国立公園

登録遺産名	**Everglades National Park**	

遺産種別　**自然遺産**

登録基準　(viii) 地球の歴史上の主要な段階を示す顕著な見本であるもの。これには、生物の記録、地形の発達における重要な地学的進行過程、或は、重要な地形的、または、自然地理的特性などが含まれる。

(ix) 陸上、淡水、沿岸、及び、海洋生態系と動植物群集の進化と発達において、進行しつつある重要な生態学的、生物学的プロセスを示す顕著な見本であるもの。

(x) 生物多様性の本来的保全にとって、もっとも重要かつ意義深い自然生息地を含んでいるもの。これには、科学上、または、保全上の観点から、すぐれて普遍的価値をもつ絶滅の恐れのある種が存在するものを含む。

登録年月　1979年10月　（第3回世界遺産委員会ルクソール会議）
1993年12月　（第17回世界遺産委員会カルタヘナ会議）★【危機遺産】
2007年 7月　（第31回世界遺産委員会クライスト・チャーチ会議）【危機遺産解除】
2010年 7月　（第34回世界遺産委員会ブラジリア会議）★【危機遺産】

登録遺産の面積　592,920ha

登録物件の概要　エバーグレーズ国立公園は、フロリダ半島の南部、オキチョビ湖の南方に広がり、1976年にユネスコMAB生物圏保護区（585867ha）、1987年にラムサール条約の登録湿地（566788ha）にも指定されている大湿原地帯。ソウグラス（ススキの一種）が一帯に広がる熱帯・亜熱帯性の動植物の宝庫で、サギやフラミンゴの生息地やマングローブの大樹林帯もある。野鳥、水鳥、水生植物が豊富な北部の幅80kmもあるシャークバレー大湿原には、ハクトウワシ、ベニヘラサギ、アメリカマナティ、フロリダピューマ、フロリダパンサー、ミシシッピワニなども生息している。1992年8月24日のハリケーンで大きな被害を被った。人口増や農業開発による水質汚染が深刻化、生態系の回復が望まれている。1993年に「危機にさらされている世界遺産」に登録されたが、保護管理状況が改善されたため、2007年危機遺産リストから解除された。しかしながら、水界生態系の劣化が継続、富栄養化などによって、海洋の生息地や種が減少するなど事態が深刻化している為、2010年の第34回世界遺産委員会ブラジリア会議で、再度、危機遺産リストに登録された。

分類　　　　　　地形・地質、生態系、生物多様性
生物地理地区　Everglades
IUCNの管理カテゴリー　II（National Park）

物件所在地　アメリカ合衆国／フロリダ州マイアミ・デイド郡、モンロー郡、コリアー郡
保護　●エバーグレーズ国立公園（1947年指定）
管理　●アメリカ合衆国国立公園局（NPS）
利活用　●エコ・ツーリズム

危機遺産に登録された理由
　　　　　　水界生態系の劣化、富栄養化などによる海洋の生息地や種の減少
世界遺産を取り巻く脅威や危険
　　　　　●ハリケーン　●人口増加　●農業開発　●水銀や肥料等による水質汚染
　　　　　●火災　●干ばつ　●外来種の侵入

参考URL　　　http://whc.unesco.org/en/list/76

北米

海岸部のマングローブ林

北緯25度33分16秒　西経80度59分47秒

交通アクセス　●マイアミから車。

カリフォルニア湾の諸島と保護地域

登録遺産名	**Islands and Protected Areas of the Gulf of California**

遺産種別　　　**自然遺産**

登録基準　(vii) もっともすばらしい自然的現象、または、ひときわすぐれた自然美をもつ地域、及び、美的な重要性を含むもの。
　　　　　(ix) 陸上、淡水、沿岸、及び、海洋生態系と動植物群集の進化と発達において、進行しつつある重要な生態学的、生物学的プロセスを示す顕著な見本であるもの。
　　　　　(x) 生物多様性の本来的保全にとって、もっとも重要かつ意義深い自然生息地を含んでいるもの。これには、科学上、または、保全上の観点から、すぐれて普遍的価値をもつ絶滅の恐れのある種が存在するものを含む。

登録年月　　2005年7月（第29回世界遺産委員会ダーバン会議）
　　　　　　2007年7月（第31回世界遺産委員会クライストチャーチ会議）マイナー境界修正
　　　　　　2011年6月（第35回世界遺産委員会パリ会議）マイナー境界修正
　　　　　　2019年7月（第43回世界遺産委員会バクー会議）★【危機遺産】

登録遺産の面積　コア・ゾーン　688,558 ha　　　バッファー・ゾーン　1,210,477 ha

登録物件の概要　カリフォルニア湾の諸島と保護地域は、メキシコ北部、カリフォルニア半島とメキシコ本土に囲まれた半閉鎖性海域のカリフォルニア湾の240以上の島々と9か所の保護地域からなる。コロラド川河口からトレス・マリアス諸島に至るこの地域は、多様な海洋生物が豊富に生息し、また、独特の地形と美しい自然景観を誇る。また、カリフォルニア湾内の島々は、オグロカモメ、アメリカオオアジサシなどの海鳥の重要な繁殖場として機能しているほか、カリフォルニア・アシカ、クジラ、イルカ、シャチ、ゾウアザラシなど海棲哺乳類の回遊の場になっている。このほかにも、北部には、コガシラネズミイルカなどの絶滅危惧種など多くの固有種が生息しているが密漁による生態系と生物多様性への影響が深刻であることから危機遺産リストに登録された。

分類　　　　自然景観、生態系、生物多様性

物件所在地　バハ・カリフォルニア州、バハ・カリフォルニア・スル州、ソノラ州、シナロア州、ナヤリット州

構成資産　　●カリフォルニア湾の島々
　　　　　　●アッパー・カリフォルニア湾 – コロラド川デルタ（海洋部分）
　　　　　　●サン・ペドロ・マルティル島
　　　　　　●エル・ビスカイノ生物圏保護区
　　　　　　　（カリフォルニア湾の海洋・海岸ベルト）
　　　　　　●ロレト湾海洋国立公園
　　　　　　●カボ・プルモ国立海洋公園
　　　　　　●カボ・サン・ルーカス
　　　　　　●マリアス諸島
　　　　　　●イザベル島
　　　　　　●サン・ロレンソ諸島
　　　　　　●バランドラ生態保護圏

保護　　　　●General Law for Ecological Balance and Environmental Protection of Mexico（1994年）
管理　　　　●保護地域国家委員会（CONANP）、環境天然資源省（SEMARNAT）
利活用　　　●観光
危機遺産に登録された理由　密漁による生態系と生物多様性への影響が深刻

参考URL　　**http://whc.unesco.org/en/list/1182**

カリフォルニア湾の諸島と保護地域

北緯27度37分36秒　西経112度32分44秒

交通アクセス　●ソノラ州の州都ソノラへ。

ラテンアメリカ・カリブ

リオ・プラターノ生物圏保護区

登録遺産名	**Rio Platano Biosphere Reserve**
遺産種別	**自然遺産**

登録基準　(vii) もっともすばらしい自然的現象、または、ひときわすぐれた自然美をもつ地域、及び、美的な重要性を含むもの。

　　　　　(viii) 地球の歴史上の主要な段階を示す顕著な見本であるもの。これには、生物の記録、地形の発達における重要な地学的進行過程、或は、重要な地形的、または、自然地理的特性などが含まれる。

　　　　　(ix) 陸上、淡水、沿岸、及び、海洋生態系と動植物群集の進化と発達において、進行しつつある重要な生態学的、生物学的プロセスを示す顕著な見本であるもの。

　　　　　(x) 生物多様性の本来的保全にとって、もっとも重要かつ意義深い自然生息地を含んでいるもの。これには、科学上、または、保全上の観点から、すぐれて普遍的価値をもつ絶滅の恐れのある種が存在するものを含む。

登録年月　　　1982年12月　（第6回世界遺産委員会パリ会議）
　　　　　　　1996年12月　（第20回世界遺産委員会メリダ会議）★【危機遺産】
　　　　　　　2007年 7月　（第31回世界遺産委員会クライスト・チャーチ会議）【危機遺産解除】
　　　　　　　2011年 6月　（第35回世界遺産委員会パリ会議）★【危機遺産】

登録遺産の面積　350,000ha　バッファゾーン150,000ha

登録物件の概要　リオ・プラターノ生物圏保護区は、ユカタン半島北部、カリブ海に流れ込むプラターノ川流域のモスキティアに広がる3500km²におよぶ密林地帯。リオ・プラターノ生物圏保護区の大半は標高1300m以上の山岳であるが、河口付近のマングローブの湿地帯や湖、熱帯・亜熱帯林、また、草原地帯などの変化に富んだ環境の為に、アメリカ・マナティー、ジャガー、オオアリクイ、アメリカワニ、コンゴウインコなど多様な動植物が見られ、1980年に中米で最初のユネスコMAB生物圏に指定されている。近年、密猟や入植による動植物の生存が危ぶまれ、1996年に危機にさらされている世界遺産に登録されたが、保護管理状況が改善されたため、2007年危機リストから解除された。しかし、リオ・プラターノ生物圏保護区を取り巻く保全環境は、密猟、違法伐採、土地の不法占拠、密漁、麻薬の密売、水力発電ダムの建設計画、管理能力や体制の不足や不備などによって悪化。2011年の第35回世界遺産委員会パリ会議で、再度「危機にさらされている世界遺産リスト」に登録された。

分類	自然景観、地形・地質、生態系、生物多様性
生物地理地区	Central American
IUCNの管理カテゴリー	II（National Park）

物件所在国	ホンジュラス共和国／グラシアス・ア・ディオス県
保護	●生物圏保護区（1982年）
管理	●野生生物保護局
	●国家森林局
利活用	●エコ・ツーリズム

危機遺産に登録された理由　密猟、違法伐採、土地の不法占拠、密漁、麻薬の密売、
　　　　　　　　　　　　　　水力発電ダムの建設計画、管理能力や体制の不足や不備

世界遺産を取り巻く脅威や危険
　　　　　　　●入植
　　　　　　　●農地化
　　　　　　　●商業地化

参考URL	**http://whc.unesco.org/en/list/196**

リオ・プラターノ生物圏保護区のコア・ゾーンの密林

北緯15度44分40秒　西経84度40分30秒

交通アクセス　　●テグシガルパから車。

ラテンアメリカ・カリブ

パナマのカリブ海沿岸のポルトベロ−サン・ロレンソの要塞群

登録遺産名	Fortifications on the Caribbean Side of Panama : Portobelo - San Lorenzo
遺産種別	**文化遺産**

登録基準　(ⅰ) 人類の創造的天才の傑作を表現するもの。
　　　　　(ⅳ) 人類の歴史上重要な時代を例証する、ある形式の建造物、建築物群、技術の集積、または、景観の顕著な例。

登録年月　1980年9月（第4回世界遺産委員会パリ会議）
　　　　　2012年7月（第36回世界遺産委員会サンクトペテルブルク会議）★【危機遺産】

登録遺産の面積　コア・ゾーン　－ ha　　　バッファー・ゾーン　－ ha

登録物件の概要　パナマのカリブ海沿岸のポルトベロ−サン・ロレンソの要塞群は、パナマの中央部のカリブ海岸に17〜18世紀に建設されたパナマの軍事建築物である。ポルトベロ要塞は、首都パナマの北、カリブ海側にある港町ポルトベロにある。コロンブスが4回目の航海途中、1502年に寄港して命名した。ポルトベロとは「美しい港」の意である。ポルトベロの町が建設されたのは、その95年後であるが、ペルーなど南米各地からの金銀の集散地として、メキシコのベラクルス、コロンビアのカルタヘナと並んで、大西洋岸の交易の中心地として繁栄した。ポルトベロ湾の入口には、堅固な5つの要塞を築き、海賊の攻撃に備えた。またポルトベロから南西60kmの地点には、サン・ロレンソ要塞が造られた。この要塞は、17世紀の建設当時の姿を今にとどめており、砲台、跳ね橋、砦などが残る。しかし、1668年ヘンリー・モーガン傘下の海賊が来襲、略奪された後は、町は寂れていった。要塞の風水や経年による風化や劣化、維持管理の欠如、管理不在の都市開発など保存管理上の理由により、2012年に「危機にさらされている世界遺産リスト」に登録された。

分類	遺跡、建造物群
物件所在地	パナマ共和国／コロン県クリストバル地区
構成資産	●ポルトベロ要塞
	●サン・ロレンソ要塞
保護	●国家歴史遺産の収蔵・保存・監理における措置法（1982年）
管理	●文化庁国家歴史遺産局
利活用	●ポルトベロ国立公園、観光
博物館	●ポルトベロ税関博物館

危機遺産に登録された理由　要塞の風水や経年による風化や劣化、維持管理の欠如、
　　　　　　　　　　　　　　　管理不在の都市開発

世界遺産を取り巻く脅威や危険
　　　　　　　　　　●風化や劣化
　　　　　　　　　　●維持管理の欠如

課題　　●世界遺産登録範囲、それにコアゾーンとバッファゾーンの境界が不明確。

参考URL　　**http://whc.unesco.org/en/list/135**

風水や経年による風化や劣化、維持管理の欠如、管理不在の都市開発など
保存管理上の理由によって危機にさらされている。

北緯9度33分14秒　西経79度39分21秒

交通アクセス　　●首都パナマから車。

ラテンアメリカ・カリブ

コロとその港

登録遺産名	**Coro and its Port**
遺産種別	**文化遺産**

登録基準　(iv) 人類の歴史上重要な時代を例証する、ある形式の建造物、建築物群、技術の集積、
　　　　　　　　　または、景観の顕著な例。
　　　　　　(v) 特に、回復困難な変化の影響下で損傷されやすい状態にある場合における、ある文化
　　　　　　　　　（または、複数の文化）を代表する伝統的集落、または、土地利用の顕著な例。

登録年月　　　1993年12月　（第17回世界遺産委員会カルタヘナ会議）
　　　　　　　2005年 7月　（第29回世界遺産委員会ダーバン会議）★【危機遺産】

登録遺産の面積　コア・ゾーン　18.4 ha　　バッファー・ゾーン　186.3 ha

登録物件の概要　コロは、カラカスから西177kmの沿岸にあるファルコン州の州都。1499年にスペインが上陸、以降この国の植民地化が始まり、コロは、1527年にスペインの最初の植民都市の一つになった。16世紀になるとスペイン国王から開拓権を得たドイツのアウクスブルグの商家「ウィンザー家」がこの地を支配した。カリブ海の砂糖貿易の拠点として発展したが、他の南米諸都市が金鉱発見などで栄えていくにつれ衰退した。コロの北側のアンチル諸島はオランダ領のためオランダの影響も受け、古都コロにはスペイン植民地時代初期のコロニアル様式とオランダのバロック様式が融合した約600の歴史的建造物が町の至る所に残り、美しい町並みを形成している。かつてはコロの玄関口となっていた港は、現在は小さな漁船が停泊するひっそりとしたたたずまい。カリブ海の海賊とハリケーンの度重なる襲来にさらされる一方、近年の石油開発の波にも取り残されて一時は地図からもその名が消えかかったが、それ故に貴重な建築物が残ることになったともいえる。2004年11月〜2005年2月の豪雨災害で、2005年に「危機にさらされている世界遺産リスト」に登録された。

分類	建造物群、モニュメント
年代区分	16世紀〜

物件所在地　ヴェネズエラ・ボリバル共和国／ファルコン州ミランダ州サンタ・アナ・デ・コロ
　　　　　　　　　　　　　　　　（通称：コロ）＜州都＞

構成資産　　●カサ・デ・ロス・トロス（塔の家）
　　　　　　●カサ・デ・ラス・ヴェンタナス・デ・イエロ（鉄の窓の家）
　　　　　　●アルカヤ邸（現　陶磁器博物館）
　　　　　　●旧税関
　　　　　　●聖堂

保護	●国家遺物・芸術作品保護・保存法（1945年）
管理	●文化省
利活用	●観光、博物館、美術館
博物館	●アルベルト・アンリケ博物館
美術館	●コロ美術館

危機遺産に登録された理由　2004年11月〜2005年2月の豪雨災害
世界遺産を取り巻く脅威や危険
　　　　　　●管理機構（法律）の欠如
　　　　　　●調整機関の欠如
　　　　　　●気候変動
　　　　　　●ハリケーン
　　　　　　●洪水

課題　　　　世界遺産登録範囲、それにコアゾーンとバッファゾーンの境界が不明確。

参考URL　　http://whc.unesco.org/en/list/658

ラテンアメリカ・カリブ

コロのカテドラル

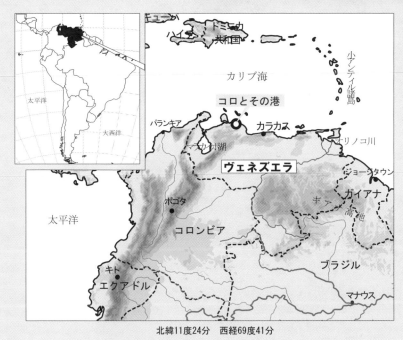

北緯11度24分　西経69度41分

交通アクセス　●首都カラカスから飛行機で1時間。

ラテンアメリカ・カリブ

チャン・チャン遺跡地域

登録遺産名	**Chan Chan Archaeological Zone**
遺産種別	**文化遺産**
登録基準	（ⅰ）人類の創造的天才の傑作を表現するもの。 （ⅲ）現存する、または、消滅した文化的伝統、または、文明の、唯一の、または、少なくとも稀な証拠となるもの。
登録年月	1986年11月（第10回世界遺産委員会パリ会議） 1986年11月（第10回世界遺産委員会パリ会議）★【危機遺産】
登録遺産の面積	600ha

登録物件の概要 チャン・チャン遺跡地域は、首都リマの北570kmのトルヒーヨの西郊外にある20km²におよぶ古代チムー王国の首都遺跡。チムーは、13〜15世紀半ばにわたって権勢を誇り、北はエクアドルの南西グアヤキルから、南はリマに至る約1000km²にもおよぶ王国を築きあげた。チャン・チャンは、古代アンデス最大の都市となったが、15世紀に入るとインカ帝国に滅ぼされ、後にスペインの支配下になると街の中心はトルヒーヨに移り、チャン・チャンは過去のものとなり独自の文化が残った。チャン・チャンの中心部は600ha、シウダデーラと呼ばれる高い城壁で囲まれた9つの方形の大区域と多くの小区域からなる。一番大きな区域は、グランチムー区域であり、チュディ区域は、主要部分の復元が完了し観光客に開放されている。日干し煉瓦（アドベ）で神殿、王宮、儀式の広場などを築き、壁を「魚や鳥の行列」と呼ばれる魚や鳥の文様のレリーフで装飾した。日干し煉瓦は、きわめてもろい材質のうえ風化しやすいため、保存には多くの問題を抱えている。自然環境も風化の速度を早めており、1986年、「世界遺産リスト」登録と同時に「危機にさらされている世界遺産」にも登録された。

分類	遺跡
年代区分	13〜15世紀
物件所在地	ペルー共和国／リベルタ県
構成資産	●アルマス広場 ●サンタ・カタリナ修道院
保護	●国家文化遺産保護法
管理	●ペルー文化庁
利活用	●博物館、観光
博物館	●チャン・チャン遺跡博物館（トルヒーヨ）

危機遺産に登録された理由 エルニーニョ現象からの風雨による侵食・崩壊、不法占拠、盗掘
世界遺産を取り巻く脅威や危険
●都市化
●保全技術の欠如
●管理機構（含む法律）の欠如
●モニタリング・システムの欠如
●洪水、地すべり、ハリケーン

参考URL http://whc.unesco.org/en/list/366

風雨による侵食と崩壊が進むチャン・チャン遺跡

南緯8度5分　西経79度4分

交通アクセス　●リマから飛行機でトルヒーヨまで約1時間、トルヒーヨから車。

ラテンアメリカ・カリブ

ポトシ市街

登録遺産名	**City of Potosi**
遺産種別	**文化遺産**

登録基準
(ii) ある期間を通じて、または、ある文化圏において、建築、技術、記念碑的芸術、町並み計画、景観デザインの発展に関し、人類の価値の重要な交流を示すもの。
(iv) 人類の歴史上重要な時代を例証する、ある形式の建造物、建築物群、技術の集積、または、景観の顕著な例。
(vi) 顕著な普遍的な意義を有する出来事、現存する伝統、思想、信仰、または、芸術的、文学的作品と、直接に、または、明白に関連するもの。

登録年月　1987年12月（第11回世界遺産委員会パリ会議）
2014年 6月（第38回世界遺産委員会ドーハ会議）★【危機遺産】

登録遺産の面積　コア・ゾーン　2,211 ha

登録物件の概要　ポトシ市街は、ボリビアの首都ラパスの南東約440km、世界最高地(4070m)にある。その歴史は、スペイン人が銀の大鉱脈のセロ・リコ(豊かなる丘)銀山を発見した1545年に始まる。ポトシの銀山は、スペイン統治下、メキシコのサカテカス、グアナファトと共に中南米の三大鉱山として知られた。銀山の採掘には、アフリカなどから多くの奴隷労働者が強制的に集められ、約800万人もの人々が銀山の犠牲になったともいわれている。ポトシ市街は、赤茶けた鉱山の裾野に広がり、石畳の道、旧王立造幣局、金銀箔を多用したサン・マルティン教会、バロック様式のサン・ロレンソ教会などが南米で最も繁栄した過去を物語る。ポトシでは、現在も、錫、鉛、銅、銀などの採掘、精錬が行われているが、経年劣化によって鉱山が崩壊する危険性があることから、2014年の第38回世界遺産委員会ドーハ会議で、危機遺産リストに登録された。

分類	産業遺産
年代区分	16世紀〜
物件所在地	ボリヴィア多民族国／ポトシ県
保護	●ナショナル・モニュメント法（1927年） ●セロ・リコ銀山の探鉱と保存に関する法律 ●歴史的建造物の修復や管理計画（策定中） ●歴史地区の再生基本計画
管理	●文化観光省
活用	●観光 ●ポトシ・ミント博物館（Potosi Mint Museum）

危機遺産に登録された理由　経年劣化による鉱山崩壊の危機
世界遺産を取り巻く脅威や危険
●セロ・リコ銀山の頂上での地盤沈下
●水質汚染
●保全政策の欠如
●無秩序な採掘
●風化や劣化による崩落
●季節雨

参考URL　http://whc.unesco.org/en/list/420

ラテンアメリカ・カリブ

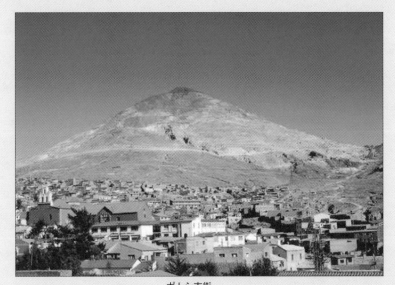

ポトシ市街

南緯19度35分　西経65度45分

交通アクセス　● スクレから車で約3時間。

ラテンアメリカ・カリブ

世界遺産リストからの抹消事例

ドレスデンのエルベ渓谷（ドイツ）
2004年世界遺産登録
2006年危機遺産登録★
2009年登録抹消

世界遺産リストからの抹消事例

アラビアン・オリックス保護区

物件名	**Arabian Oryx Sanctuary**

遺産種別　　　自然遺産

登録基準　(x) 生物多様性の本来的保全にとって、もっとも重要かつ意義深い自然生息地を含んでいるもの。これには、科学上、または、保全上の観点から、普遍的価値をもつ絶滅の恐れのある種が存在するものを含む。

登録年月　　　1994年12月（第18回世界遺産委員会プーケット会議）
登録抹消年月　2007年 7月（第31回世界遺産委員会クライスト・チャーチ会議）

登録物件の概要　アラビアン・オリックス保護区は、オマーン中央部のジダッド・アル・ハラシス平原の27500km²に設けられた保護区。アラビアン・オリックスは、IUCN（国際自然保護連合）のレッドデータブックで、絶滅危惧（Threatened）の絶滅危惧IB類（EN=Endangered）にあげられているウシ科のアンテロープの一種（Oryx leucoryx）で、以前は、サウジ・アラビアやイエメンなどアラビア半島の全域に生息していたが、野生種は1972年に絶滅。カブース国王の命により、アメリカから十数頭のアラビアン・オリックスを譲り受けることによって、繁殖対策を講じた。オマーン初の自然保護区として、マスカットの南西約800kmのアル・ウスタ地方に特別保護区を設け、野生に戻すことによって繁殖に成功した。また、1998年には、エコ・ツーリズムの実験的なプロジェクトが開始された。2007年の第31回世界遺産委員会クライスト・チャーチ会議で、オマーン政府による、炭化水素(HC)の資源調査の為の世界遺産登録範囲内の保護区域削減による完全性の損失から、世界遺産としての「顕著な普遍的価値」が失われ、前代未聞となる「世界遺産リストからの抹消」という事態となった。

分類	生物多様性
生物地理地区	中央砂漠と海岸丘陵（Central Desert and Coastal Hills）
IUCNの管理カテゴリー	II　Sanctuary
動物	アラビアン・オリックス（絶滅危惧IB類）、レッド・フォックス

物件所在地　　オマーン国／ジダッド・アル・ハラシス平原のアル・ウスタ

世界遺産リストから抹消された理由
　　　　　　　オマーン政府による、炭化水素（HC）の資源調査の為の世界遺産登録範囲内の保護区域削減による完全性の損失

参考URL　　　http://whc.unesco.org/en/list/654
　　　　　　　https://www.arabianoryx.org/En/Pages/Welcome-Message.aspx

アラビアン・オリックス保護区

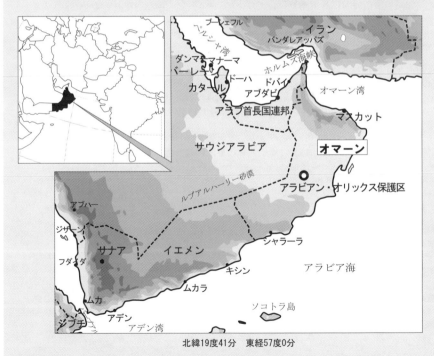

北緯19度41分　東経57度0分

交通アクセス　●マスカットから車で約6時間。

ドレスデンのエルベ渓谷

物件名	**Dresden Elbe Valley**
遺産種別	文化遺産
登録基準	(ii) ある期間を通じて、または、ある文化圏において、建築、技術、記念碑的芸術、町並み計画、景観デザインの発展に関し、人類の価値の重要な交流を示すもの。
	(iii) 現存する、または、消滅した文化的伝統、または、文明の、唯一の、または、少なくとも稀な証拠となるもの。
	(iv) 人類の歴史上重要な時代を例証する、ある形式の建造物、建築物群、技術の集積、または、景観の顕著な例。
	(v) 特に、回復困難な変化の影響下で損傷されやすい状態にある場合における、ある文化（または、複数の文化）を代表する伝統的集落、または、土地利用の顕著な例。
登録年月	2004年 7月（第28回世界遺産委員会蘇州会議）
	2006年 7月（第30回世界遺産委員会ヴィリニュス会議）　★【危機遺産】
登録抹消年月	2009年 6月（第33回世界遺産委員会セルビア会議）

登録物件の概要　ドレスデンのエルベ渓谷は、ザクセン州の州都ドレスデン（人口約50万人）を中心に、北西部のユービガウ城とオストラグヘーデ・フェルトから南東部のピルニッツ宮殿とエルベ川島までの18kmのエルベ川流域に展開する。ドレスデンのエルベ渓谷には、18〜19世紀の文化的景観が残る。ドレスデンは、かつてのザクセン王国の首都で、エルベのフィレンツェと称えられ、華麗な宮廷文化が輝くバロックの町で、16〜20世紀の建築物や公園などが残っている。なかでも、19〜20世紀の産業革命ゆかりの鉄橋、鉄道、世界最古の蒸気外輪船、それに造船所は今も使われている。2006年はドレスデン建都800年の記念すべき年であった。エルベ川の架橋計画による文化的景観の完全性の損失を理由に、2006年危機にさらされている世界遺産に登録された。2008年の第32回世界遺産委員会では、「ドレスデンのエルベ渓谷」の4車線のヴァルトシュリュスヘン橋の建設により文化的景観の完全性が損なわれるとして、世界遺産リストからの抹消も含めた審議を行ったが、橋の建設中止など地元での対応などを当面は静観し、世界遺産リストに留めることを決した。代替案としての地下トンネルの建設などにより景観の保護が行われず、このまま橋の建設が継続され完成した場合には、2009年の第33回世界遺産委員会での世界遺産リストからの抹消が余儀なくされることになっていた。この物件の取り扱いについては、第30回、第31回、第32回の世界遺産委員会で、慎重な審議が重ねられてきたが、ドレスデンの関係当局者は、文化的景観の中心部での4連のヴァルトシュリュスヘン橋の建設プロジェクトを中止しなかった為、2004年の世界遺産登録時の「顕著な普遍的価値」と「完全性」が喪失、2009年の第33回世界遺産委員会セビリア会議で、2007年の第31回世界遺産委員会クライストチャーチ会議でのオマーンの「アラビアン・オリックス保護区」に次ぐ、世界遺産登録史上二例目となる「世界遺産リストからの抹消」という不名誉な事態になった。しかしながら、オマーンの「アラビアン・オリックス保護区」の抹消と異なる点は、世界遺産委員会は、"Every time we fail to preserve a site, we share the pain of the State Party,"という議長声明と共に、「ドレスデンのエルベ渓谷」には、「顕著な普遍的価値」を有する箇所もあるので、ドイツは、異なる登録基準と境界線のもとでの新登録の推薦書類を提出することは出来ると温情を示した。

分類	文化的景観、渓谷
年代区分	18〜19世紀

物件所在地　　ドイツ連邦共和国／ザクセン州ドレスデン（州都）

世界遺産リストから抹消された理由　登録範囲内での橋の建設による都市景観の完全性の喪失

参考URL　　　http://whc.unesco.org/en/list/1156

ドレスデンのエルベ渓谷

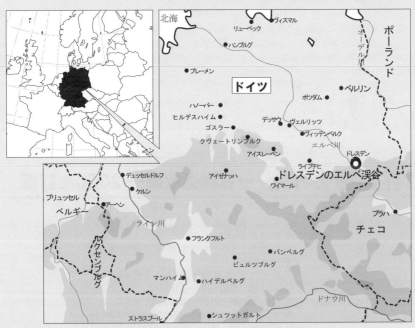

北緯51度2分24秒　東経13度49分16秒

交通アクセス　●ドレスデン市内へは、ドレスデン・クローチェ国際空港から車で約30分。
　　　　　　　　　●ドレスデンへは鉄道でベルリンから約2時間、フランクフルトから約4時間。

〈著者プロフィール〉

古田 陽久（ふるた・はるひさ　FURUTA Haruhisa）世界遺産総合研究所 所長

1951年広島県生まれ。1974年慶応義塾大学経済学部卒業、1990年シンクタンクせとうち総合研究機構を設立。アジアにおける世界遺産研究の先覚・先駆者の一人で、「世界遺産学」を提唱し、1998年世界遺産総合研究所を設置、所長兼務。毎年の世界遺産委員会や無形文化遺産委員会などにオブザーバー・ステータスで参加、中国杭州市での「首届中国大運河国際高峰論壇」、クルーズ船「にっぽん丸」、三鷹国際交流協会の国際理解講座、日本各地の青年会議所（JC）での講演など、その活動を全国的、国際的に展開している。これまでにイタリア、中国、スペイン、フランス、ドイツ、インド、メキシコ、英国、ロシア連邦、アメリカ合衆国、ブラジル、オーストラリア、ギリシャ、カナダ、トルコ、ポルトガル、ポーランド、スウェーデン、ベルギー、韓国、スイス、チェコ、ペルーなど68か国、約300の世界遺産地を訪問している。
現在、広島市佐伯区在住。

【専門分野】世界遺産制度論、世界遺産論、自然遺産論、文化遺産論、危機遺産論、地域遺産論、日本の世界遺産、世界無形文化遺産、世界の記憶、世界遺産と教育、世界遺産と観光、世界遺産と地域づくり・まちづくり

【著書】「世界の記憶遺産60」（幻冬舎）、「世界遺産データ・ブック」、「世界無形文化遺産データ・ブック」、「世界の記憶データ・ブック」（世界の記憶データブック）、「誇れる郷土データ・ブック」、「世界遺産ガイド」シリーズ、「ふるさと」「誇れる郷土」シリーズなど多数。

【執筆】連載「世界遺産への旅」、「世界の記憶の旅」、日本政策金融公庫調査月報「連載『データで見るお国柄』」、「世界遺産を活用した地域振興―『世界遺産基準』の地域づくり・まちづくり―」（月刊「地方議会人」）、中日新聞・東京新聞サンデー版「大図解危機遺産」、「現代用語の基礎知識2009」（自由国民社）世の中ペディア「世界遺産」など多数。

【テレビ出演歴】TBSテレビ「ひるおび」、「NEWS23」、「Nスタニュース」、テレビ朝日「モーニングバード」、「やじうまテレビ」、「ANNスーパーJチャンネル」、日本テレビ「スッキリ!!」、フジテレビ「めざましテレビ」、「スーパーニュース」、「とくダネ!」、「NHK福岡ロクいち！」など多数。

【ホームページ】「世界遺産と総合学習の杜」http://www.wheritage.net/

世界遺産ガイド ―危機遺産編― 2020改訂版

2020年（令和2年）4月24日　初版 第1刷

著　　　者　古田陽久
企画・編集　世界遺産総合研究所
発　　　行　シンクタンクせとうち総合研究機構 ©
　　　　　　〒731-5113
　　　　　　広島市佐伯区美鈴が丘緑三丁目4番3号
　　　　　　TEL＆FAX　082-926-2306
　　　　　　郵便振替　01340-0-30375
　　　　　　電子メール　wheritage@tiara.ocn.ne.jp
　　　　　　インターネット　http://www.wheritage.net
　　　　　　出版社コード　86200

©本書の内容を複写、複製、引用、転載される場合には、必ず発行元に、事前にご連絡下さい。

Complied and Printed in Japan, 2020　ISBN978-4-86200-237-2 C1537 Y2600E

発行図書のご案内

世界遺産シリーズ

世界遺産データ・ブック 2020年版 〈新刊〉	978-4-86200-228-0 本体2778円 2019年8月 最新のユネスコ世界遺産1121物件の全物件名と登録基準、位置を掲載。ユネスコ世界遺産の概要も充実。世界遺産学習の上での必携の書。
世界遺産事典-1121全物件プロフィール- 〈新刊〉 2020改訂版	978-4-86200-229-7 本体2778円 2019年8月 世界遺産1121物件の全物件プロフィールを収録。 2020改訂版
世界遺産キーワード事典 2009改訂版	978-4-86200-133-7 本体2000円 2008年9月発行 世界遺産に関連する用語の紹介と解説
世界遺産マップス-地図で見るユネスコの世界遺産- 〈新刊〉 2020改訂版	978-4-86200-232-7 本体2600円 2019年12月発行 世界遺産1121物件の位置を地域別・国別に整理
世界遺産ガイド-世界遺産条約採択40周年特集-	978-4-86200-172-6 本体2381円 2012年11月発行 世界遺産の40年の歴史を特集し、持続可能な発展を考える。
世界遺産フォトス -写真で見るユネスコの世界遺産- 世界遺産の多様性を写真資料で学ぶ。 第2集-多様な世界遺産- 第3集-海外と日本の至宝100の記憶-	4-916208-22-6 本体1905円 1999年8月発行 4-916208-50-1 本体2000円 2002年1月発行 978-4-86200-148-1 本体2381円 2010年1月発行
世界遺産入門-平和と安全な社会の構築-	978-4-86200-191-7 本体2500円 2015年5月発行 世界遺産を通じて「平和」と「安全」な社会の大切さを学ぶ
世界遺産学入門-もっと知りたい世界遺産-	4-916208-52-8 本体2000円 2002年2月発行 新しい学問としての「世界遺産学」の入門書
世界遺産学のすすめ-世界遺産が地域を拓く-	4-86200-100-9 本体2000円 2005年4月発行 普遍的価値を顕す世界遺産が、閉塞した地域を拓く
世界遺産概論<上巻><下巻> 世界遺産の基礎的事項をわかりやすく解説	上巻 978-4-86200-116-0 2007年1月発行 下巻 978-4-86200-117-7 本体 各2000円
世界遺産ガイド-ユネスコ遺産の基礎知識-	978-4-86200-184-9 本体2500円 2014年3月発行 混同するユネスコ三大遺産の違いを明らかにする
世界遺産ガイド-世界遺産条約編-	4-916208-34-X 本体2000円 2000年7月発行 世界遺産条約を特集し、条約の趣旨や目的などポイントを解説
世界遺産ガイド -世界遺産条約とオペレーショナル・ガイドライン編-	978-4-86200-128-3 本体2000円 2007年12月発行 世界遺産条約とその履行の為の作業指針について特集する
世界遺産ガイド-世界遺産の基礎知識編- 2009改訂版	978-4-86200-132-0 本体2000円 2008年10月発行 世界遺産の基礎知識をQ&A形式で解説
世界遺産ガイド-図表で見るユネスコの世界遺産編-	4-916208-89-7 本体2000円 2004年12月発行 世界遺産をあらゆる角度からグラフ、図表、地図などで読む
世界遺産ガイド-情報所在源編-	4-916208-84-6 本体2000円 2004年1月発行 世界遺産に関連する情報所在源を各国別、物件別に整理
世界遺産ガイド-自然遺産編- 2020改訂版 〈新刊〉	978-4-86200-234-1 本体2600円 2020年4月発行 ユネスコの自然遺産の全容を紹介
世界遺産ガイド-文化遺産編- 2020改訂版 〈新刊〉	978-4-86200-235-8 本体2600円 2020年4月発行 ユネスコの文化遺産の全容を紹介
世界遺産ガイド-文化遺産編- 1. 遺跡 2. 建造物 3. モニュメント 4. 文化的景観	4-916208-32-3 本体2000円 2000年8月発行 4-916208-33-1 本体2000円 2000年9月発行 4-916208-35-8 本体2000円 2000年10月発行 4-916208-53-6 本体2000円 2002年1月発行
世界遺産ガイド-複合遺産編- 2020改訂版 〈新刊〉	978-4-86200-236-5 本体2600円 2020年4月発行 ユネスコの複合遺産の全容を紹介
世界遺産ガイド-危機遺産編- 2020改訂版 〈新刊〉	978-4-86200-237-2 本体2600円 2020年4月発行 ユネスコの危機遺産の全容を紹介
世界遺産ガイド-文化の道編-	978-4-86200-207-5 本体2500円 2016年12月発行 世界遺産に登録されている「文化の道」を特集
世界遺産ガイド-文化的景観編-	978-4-86200-150-4 本体2381円 2010年4月発行 文化的景観のカテゴリーに属する世界遺産を特集
世界遺産ガイド-複数国にまたがる世界遺産編-	978-4-86200-151-1 本体2381円 2010年6月発行 複数国にまたがる世界遺産を特集

世界遺産ガイド-日本編- 2020改訂版 【新刊】	978-4-86200-230-3 本体 2778円 2019年9月発行 日本にある世界遺産、暫定リストを特集
日本の世界遺産 -東日本編- -西日本編-	978-4-86200-130-6 本体 2000円 2008年2月発行 978-4-86200-131-3 本体 2000円 2008年2月発行
世界遺産ガイド-日本の世界遺産登録運動-	4-86200-108-4 本体 2000円 2005年12月発行 暫定リスト記載物件はじめ世界遺産登録運動の動きを特集
世界遺産ガイド-世界遺産登録をめざす富士山編-	978-4-86200-153-5 本体 2381円 2010年11月発行 富士山を世界遺産登録する意味と意義を考える
世界遺産ガイド-北東アジア編-	4-916208-87-0 本体 2000円 2004年3月発行 北東アジアにある世界遺産を特集、国の概要も紹介
世界遺産ガイド-朝鮮半島にある世界遺産-	4-86200-102-5 本体 2000円 2005年7月発行 朝鮮半島にある世界遺産、暫定リスト、無形文化遺産を特集
世界遺産ガイド-中国編- 2010改訂版	978-4-86200-139-9 本体 2381円 2009年10月発行 中国にある世界遺産、暫定リストを特集
世界遺産ガイド-モンゴル編- 【新刊】	978-4-86200-233-4 本体 2500円 2019年12月発行 モンゴルにあるユネスコ遺産を特集
世界遺産ガイド-東南アジア編-	978-4-86200-149-8 本体 2381円 2010年5月発行 東南アジアにある世界遺産、暫定リストを特集
世界遺産ガイド-ネパール・インド・スリランカ編- 【新刊】	978-4-86200-221-1 本体 2500円 2018年11月発行 ネパール・インド・スリランカにある世界遺産を特集
世界遺産ガイド-オーストラリア編-	4-86200-115-7 本体 2000円 2006年5月発行 オーストラリアにある世界遺産を特集、国の概要も紹介
世界遺産ガイド-中央アジアと周辺諸国編-	4-916208-63-3 本体 2000円 2002年8月発行 中央アジアと周辺諸国にある世界遺産を特集
世界遺産ガイド-中東編-	4-916208-30-7 本体 2000円 2000年7月発行 中東にある世界遺産を特集
世界遺産ガイド-知られざるエジプト編-	978-4-86200-152-8 本体 2381円 2010年6月発行 エジプトにある世界遺産、暫定リスト等を特集
世界遺産ガイド-アフリカ編-	4-916208-27-7 本体 2000円 2000年3月発行 アフリカにある世界遺産を特集
世界遺産ガイド-イタリア編-	4-86200-109-2 本体 2000円 2006年1月発行 イタリアにある世界遺産、暫定リストを特集
世界遺産ガイド-スペイン・ポルトガル編-	978-4-86200-158-0 本体 2381円 2011年1月発行 スペインとポルトガルにある世界遺産を特集
世界遺産ガイド-英国・アイルランド編-	978-4-86200-159-7 本体 2381円 2011年3月発行 英国とアイルランドにある世界遺産等を特集
世界遺産ガイド-フランス編-	978-4-86200-160-3 本体 2381円 2011年5月発行 フランスにある世界遺産、暫定リストを特集
世界遺産ガイド-ドイツ編-	4-86200-101-7 本体 2000円 2005年6月発行 ドイツにある世界遺産、暫定リストを特集
世界遺産ガイド-ロシア編-	978-4-86200-166-5 本体 2381円 2012年4月発行 ロシアにある世界遺産等を特集
世界遺産ガイド-コーカサス諸国編- 【新刊】	978-4-86200-227-3 本体 2500円 2019年6月発行 コーカサス諸国にある世界遺産等を特集
世界遺産ガイド-バルト三国編- 【新刊】	4-86200-222-8 本体 2500円 2018年12月発行 バルト三国にある世界遺産を特集
世界遺産ガイド-アメリカ合衆国編- 【新刊】	978-4-86200-214-3 本体 2500円 2018年1月発行 アメリカ合衆国にあるユネスコ遺産等を特集
世界遺産ガイド-メキシコ編-	978-4-86200-202-0 本体 2500円 2016年8月発行 メキシコにある世界遺産等を特集
世界遺産ガイド-カリブ海地域編- 【新刊】	4-86200-226-6 本体 2600円 2019年5月発行 カリブ海地域にある主な世界遺産を特集
世界遺産ガイド-中米編-	4-86200-81-1 本体 2000円 2004年2月発行 中米にある主な世界遺産を特集
世界遺産ガイド-南米編-	4-86200-76-5 本体 2000円 2003年9月発行 南米にある主な世界遺産を特集

世界遺産ガイド-地形・地質編-	978-4-86200-185-6 本体2500円 2014年5月発行 世界自然遺産のうち、代表的な「地形・地質」を紹介
世界遺産ガイド-生態系編-	978-4-86200-186-3 本体2500円 2014年5月発行 世界自然遺産のうち、代表的な「生態系」を紹介
世界遺産ガイド-自然景観編-	4-916208-86-2 本体2000円 2004年3月発行 世界自然遺産のうち、代表的な「自然景観」を紹介
世界遺産ガイド-生物多様性編-	4-916208-83-8 本体2000円 2004年1月発行 世界自然遺産のうち、代表的な「生物多様性」を紹介
世界遺産ガイド-自然保護区編-	4-916208-73-0 本体2000円 2003年5月発行 自然遺産のうち、自然保護区のカテゴリーにあたる物件を特集
世界遺産ガイド-国立公園編-	4-916208-58-7 本体2000円 2002年5月発行 ユネスコ世界遺産のうち、代表的な国立公園を特集
世界遺産ガイド-名勝・景勝地編-	4-916208-41-2 本体2000円 2001年3月発行 ユネスコ世界遺産のうち、代表的な名勝・景勝地を特集
世界遺産ガイド-歴史都市編-	4-916208-64-1 本体2000円 2002年9月発行 ユネスコ世界遺産のうち、代表的な歴史都市を特集
世界遺産ガイド-都市・建築編-	4-916208-39-0 本体2000円 2001年2月発行 ユネスコ世界遺産のうち、代表的な都市・建築を特集
世界遺産ガイド-産業・技術編-	4-916208-40-4 本体2000円 2001年3月発行 ユネスコ世界遺産のうち、産業・技術関連遺産を特集
世界遺産ガイド-産業遺産編-保存と活用	4-86200-103-3 本体2000円 2005年4月発行 ユネスコ世界遺産のうち、各産業分野の遺産を特集
世界遺産ガイド-19世紀と20世紀の世界遺産編-	4-916208-56-0 本体2000円 2002年7月発行 激動の19世紀、20世紀を代表する世界遺産を特集
世界遺産ガイド-宗教建築物編-	4-916208-72-2 本体2000円 2003年6月発行 ユネスコ世界遺産のうち、代表的な宗教建築物を特集
世界遺産ガイド-仏教関連遺産編- 新刊	4-86200-223-5 本体2600円 2019年2月発行 ユネスコ世界遺産のうち仏教関連遺産を特集
世界遺産ガイド-歴史的人物ゆかりの世界遺産編-	4-916208-57-9 本体2000円 2002年9月発行 歴史的人物にゆかりの深いユネスコ世界遺産を特集
世界遺産ガイド-人類の負の遺産と復興の遺産編-	978-4-86200-173-3 本体2000円 2013年2月発行 世界遺産から人類の負の遺産と復興の遺産を学ぶ
世界遺産ガイド-暫定リスト記載物件編-	978-4-86200-138-2 本体2000円 2009年5月発行 世界遺産暫定リストに記載されている物件を一覧する
世界遺産ガイド -特集　第29回世界遺産委員会ダーバン会議-	4-86200-105-X 本体2000円 2005年9月発行 2005年新登録24物件と登録拡大、危機遺産などの情報を満載
世界遺産ガイド -特集　第28回世界遺産委員会蘇州会議-	4-916208-95-1 本体2000円 2004年8月発行 2004年新登録34物件と登録拡大、危機遺産などの情報を満載

世界の文化シリーズ

世界遺産の無形版といえる「世界無形文化遺産」についての希少な書籍

世界無形文化遺産データ・ブック 新刊 2019年版	978-4-86200-224-2 本体2600円 2019年4月発行 世界無形文化遺産の仕組みや登録されているものを地域別・国別に整理。
世界無形文化遺産事典 2019年版 新刊	978-4-86200-225-9 本体2600円 2019年4月発行 世界無形文化遺産の概要を、地域別・国別・登録年順に掲載。

世界の記憶シリーズ

ユネスコのプログラム「世界の記憶」の全体像を明らかにする日本初の書籍

世界の記憶データ・ブック 新刊 2017～2018年版	978-4-86200-215-0 本体2778円 2018年1月発行 ユネスコ三大遺産事業の一つ「世界の記憶」の仕組みや427件の世界の記憶など、プログラムの全体像を明らかにする日本初のデータ・ブック。

ふるさとシリーズ

誇れる郷土データ・ブック 【新刊】 ー世界遺産と令和新時代の観光振興ー2020年版	978-4-86200-231-0 本体 2500円 2019年12月発行 令和新時代の観光振興につながるユネスコの 世界遺産、世界無形文化遺産、世界の記憶、 それに日本遺産などを整理。
誇れる郷土データ・ブック ー2020東京オリンピックに向けてー2017年版	978-4-86200-209-9 本体 2500円 2017年3月発行 2020年に開催される東京オリンピック・パラリンピックを 見据えて、世界に通用する魅力ある日本の資源を 都道府県別に整理。
誇れる郷土データ・ブック ー地方の創生と再生ー 2015年版	978-4-86200-192-4 本体 2500円 2015年5月発行 国や地域の創生や再生につながるシーズを 都道府県別に整理。
誇れる郷土ガイドー日本の歴史的な町並み編ー	978-4-86200-210-5 本体 2500円 2017年8月発行 日本らしい伝統的な建造物群が残る歴史的な町並みを特集
誇れる郷土ガイド ー北海道・東北編ー	4-916208-42-0 本体 2000円 2001年5月発行 北海道・東北地方の特色・魅力・データを道県別に整理
ー関東編ー	4-916208-48-X 本体 2000円 2001年11月発行 関東地方の特色・魅力・データを道県別にコンパクトに整理
ー中部編ー	4-916208-61-7 本体 2000円 2002年10月発行 中部地方の特色・魅力・データを道県別に整理
ー近畿編ー	4-916208-46-3 本体 2000円 2001年10月発行 近畿地方の特色・魅力・データを道県別に整理
ー中国・四国編ー	4-916208-65-X 本体 2000円 2002年12月発行 中国・四国地方の特色・魅力・データを道県別にコンパクトに整理
ー九州・沖縄編ー	4-916208-62-5 本体 2000円 2002年11月発行 九州・沖縄地方の特色・魅力・データを道県別に整理
誇れる郷土ガイドー口承・無形遺産編ー	4-916208-44-7 本体 2000円 2001年6月発行 各都道府県別に、口承・無形遺産の名称を整理収録
誇れる郷土ガイドー全国の世界遺産登録運動の動きー	4-916208-69-2 本体 2000円 2003年1月発行 暫定リスト記載物件はじめ全国の世界遺産登録運動の動きを特集
誇れる郷土ガイドー全国47都道府県の観光データ編ー 2010改訂版	978-4-86200-123-8 本体 2381円 2009年12月発行 各都道府県別の観光データ等の要点を整理
誇れる郷土ガイドー全国47都道府県の誇れる景観編ー	4-916208-78-1 本体 2000円 2003年10月発行 わが国の美しい自然環境や文化的な景観を都道府県別に整理
誇れる郷土ガイドー全国47都道府県の国際交流・協力編ー	4-916208-85-4 本体 2000円 2004年4月発行 わが国の国際交流・協力の状況を都道府県別に整理
誇れる郷土ガイドー日本の国立公園編ー	4-916208-94-3 本体 2000円 2005年2月発行 日本にある国立公園を取り上げ、概要を紹介
誇れる郷土ガイドー自然公園法と文化財保護法ー	978-4-86200-129-0 本体 2000円 2008年2月発行 自然公園法と文化財保護法について紹介する
誇れる郷土ガイドー市町村合併編ー	978-4-86200-118-4 本体 2000円 2007年2月発行 平成の大合併により変化した市町村の姿を都道府県別に整理
日本ふるさと百科ーデータで見るわたしたちの郷土ー	4-916208-11-0 本体 1429円 1997年12月発行 事物・統計・地域戦略などのデータを各都道府県別に整理
環日本海エリア・ガイド	4-916208-31-5 本体 2000円 2000年6月発行 環日本海エリアに位置する国々や日本の地方自治体を取り上げる

シンクタンクせとうち総合研究機構

事務局　〒731-5113　広島市佐伯区美鈴が丘緑三丁目4番3号

書籍のご注文専用ファックス　082-926-2306　電子メールwheritage@tiara.ocn.ne.jp